三门峡庙底沟

河南省文物考古研究院
三门峡市文物考古研究所 编著
武汉大学历史学院考古系

（中）

文物出版社

图版目录

图版一　庙底沟文化彩陶盆（H7、H9）…………………………………………… 1

图版二　庙底沟文化彩陶盆（H9、H29、H39）……………………………………… 2

图版三　庙底沟文化彩陶盆（H51、H72、H95、H116）…………………………… 3

图版四　庙底沟文化彩陶盆（H164、H166、H189、H210）……………………… 4

图版五　庙底沟文化彩陶盆（H220、H229、H240、H241、H297、H302）……… 5

图版六　庙底沟文化陶盆（H408、H412、H442、H432）………………………… 6

图版七　庙底沟文化彩陶盆（H432、H442、H477）……………………………… 7

图版八　庙底沟文化彩陶盆（H29、H116、H314、H323、H325、H335）……… 8

图版九　庙底沟文化彩陶盆（H335、H339、H342、H405、H477）……………… 9

图版一〇　庙底沟文化彩陶盆（H477、H501、H545、H549）…………………… 10

图版一一　庙底沟文化彩陶盆（H599、H619、H625）…………………………… 11

图版一二　庙底沟文化彩陶盆（H711、H765、H770）…………………………… 12

图版一三　庙底沟文化彩陶盆（H787、H831、H248、T21⑦、T21⑨）………… 13

图版一四　庙底沟文化彩陶盆（T21⑨、T35②、T52③、T62④、T94⑧）……… 14

图版一五　庙底沟文化彩陶盆（T94⑧、T21⑨、H7、H9）……………………… 15

图版一六　庙底沟文化彩陶盆（H9、H29、H39）………………………………… 16

图版一七　庙底沟文化彩陶盆（H51、H54、H72、H84）………………………… 17

图版一八　庙底沟文化彩陶盆（H189、T94⑧、H166、H108、T17⑥、T185①）… 18

图版一九　庙底沟文化彩陶盆（H5、H29、H51、H114、H122）………………… 19

图版二〇　庙底沟文化彩陶盆（H138、H148、H189、H202、T35②、H220）…… 20

图版二一　庙底沟文化彩陶盆（H328、H335、H339）…………………………… 21

图版二二　庙底沟文化陶盆（H342、H432、H384、H477）……………………… 22

图版二三　庙底沟文化彩陶盆（H711、H770、H812、T21⑨、T17⑧、T17⑨）… 23

图版二四　庙底沟文化彩陶盆（T17⑨、T21⑨、T35②）、彩陶双鋬钵（H9、H116）………… 24

图版二五　庙底沟遗址彩陶（H493、H23、T21⑧、T72③、H432、H619）⋯⋯⋯⋯⋯⋯⋯⋯　25

图版二六　庙底沟文化彩陶钵（T72③、T128①、H7、H15、T62②）⋯⋯⋯⋯⋯⋯⋯⋯⋯　26

图版二七　庙底沟文化彩陶钵（T62⑤、H29）⋯⋯⋯⋯⋯⋯⋯⋯⋯⋯⋯⋯⋯⋯⋯⋯⋯⋯⋯　27

图版二八　庙底沟文化彩陶钵（H29、H221、H39、H51）⋯⋯⋯⋯⋯⋯⋯⋯⋯⋯⋯⋯⋯⋯　28

图版二九　庙底沟文化彩陶钵（H51、H57、H70、H72、H74）⋯⋯⋯⋯⋯⋯⋯⋯⋯⋯⋯⋯　29

图版三〇　庙底沟文化彩陶钵（H78、H84、H87、H88）⋯⋯⋯⋯⋯⋯⋯⋯⋯⋯⋯⋯⋯⋯⋯　30

图版三一　庙底沟文化彩陶钵（H95、H9、H110）⋯⋯⋯⋯⋯⋯⋯⋯⋯⋯⋯⋯⋯⋯⋯⋯⋯⋯　31

图版三二　庙底沟文化彩陶钵（H114、H116）⋯⋯⋯⋯⋯⋯⋯⋯⋯⋯⋯⋯⋯⋯⋯⋯⋯⋯⋯⋯　32

图版三三　庙底沟文化彩陶钵（H138、H152、H162、H165、H166）⋯⋯⋯⋯⋯⋯⋯⋯⋯⋯　33

图版三四　庙底沟文化彩陶钵（H166、H187、H189）⋯⋯⋯⋯⋯⋯⋯⋯⋯⋯⋯⋯⋯⋯⋯⋯⋯　34

图版三五　庙底沟文化彩陶钵（H189、H215、H220、H240）⋯⋯⋯⋯⋯⋯⋯⋯⋯⋯⋯⋯⋯　35

图版三六　庙底沟文化彩陶钵（H240、H277、H278、H286、H288）⋯⋯⋯⋯⋯⋯⋯⋯⋯⋯　36

图版三七　庙底沟文化彩陶钵（H297、H335）⋯⋯⋯⋯⋯⋯⋯⋯⋯⋯⋯⋯⋯⋯⋯⋯⋯⋯⋯⋯　37

图版三八　庙底沟文化彩陶钵（H335、H422、H348、H354）⋯⋯⋯⋯⋯⋯⋯⋯⋯⋯⋯⋯⋯　38

图版三九　庙底沟文化彩陶钵（H354、H373、H408）⋯⋯⋯⋯⋯⋯⋯⋯⋯⋯⋯⋯⋯⋯⋯⋯⋯　39

图版四〇　庙底沟文化彩陶钵（H408、H412、H432）⋯⋯⋯⋯⋯⋯⋯⋯⋯⋯⋯⋯⋯⋯⋯⋯⋯　40

图版四一　庙底沟文化彩陶钵（H432）⋯⋯⋯⋯⋯⋯⋯⋯⋯⋯⋯⋯⋯⋯⋯⋯⋯⋯⋯⋯⋯⋯⋯⋯　41

图版四二　庙底沟文化彩陶钵（H432、H477）⋯⋯⋯⋯⋯⋯⋯⋯⋯⋯⋯⋯⋯⋯⋯⋯⋯⋯⋯⋯　42

图版四三　庙底沟文化彩陶钵（H477）⋯⋯⋯⋯⋯⋯⋯⋯⋯⋯⋯⋯⋯⋯⋯⋯⋯⋯⋯⋯⋯⋯⋯⋯　43

图版四四　庙底沟文化彩陶钵（H506、H542、H564、H569）⋯⋯⋯⋯⋯⋯⋯⋯⋯⋯⋯⋯⋯　44

图版四五　庙底沟文化彩陶钵、素面钵（H569、H599、H619）⋯⋯⋯⋯⋯⋯⋯⋯⋯⋯⋯⋯　45

图版四六　庙底沟文化彩陶钵（H635、H693、H711、H727、H763、H766）⋯⋯⋯⋯⋯⋯　46

图版四七　庙底沟文化彩陶钵（H766、H770）⋯⋯⋯⋯⋯⋯⋯⋯⋯⋯⋯⋯⋯⋯⋯⋯⋯⋯⋯⋯　47

图版四八　庙底沟文化彩陶钵（H770）⋯⋯⋯⋯⋯⋯⋯⋯⋯⋯⋯⋯⋯⋯⋯⋯⋯⋯⋯⋯⋯⋯⋯⋯　48

图版四九　庙底沟文化彩陶钵（H770）⋯⋯⋯⋯⋯⋯⋯⋯⋯⋯⋯⋯⋯⋯⋯⋯⋯⋯⋯⋯⋯⋯⋯⋯　49

图版五〇　庙底沟文化彩陶钵（H770）⋯⋯⋯⋯⋯⋯⋯⋯⋯⋯⋯⋯⋯⋯⋯⋯⋯⋯⋯⋯⋯⋯⋯⋯　50

图版五一　庙底沟文化彩陶钵（H770、H773、H854）⋯⋯⋯⋯⋯⋯⋯⋯⋯⋯⋯⋯⋯⋯⋯⋯⋯　51

图版五二　庙底沟文化彩陶钵（T108③、T94⑧、H466、T72③、T2③）⋯⋯⋯⋯⋯⋯⋯⋯　52

图版五三　庙底沟文化彩陶钵（T17④、T17⑥、T17⑧、T21②、H514）⋯⋯⋯⋯⋯⋯⋯⋯　53

图版五四 庙底沟文化素面钵、彩陶钵（F3、G3、H7） ……………………………… 54

图版五五 庙底沟文化素面钵（H9） …………………………………………………… 55

图版五六 庙底沟文化素面钵（H51、H24、H29） ……………………………………… 56

图版五七 庙底沟文化素面钵（H29、H39） ……………………………………………… 57

图版五八 庙底沟文化素面钵（H43、H48） ……………………………………………… 58

图版五九 庙底沟文化素面钵（H51、H54、H72、H87） ………………………………… 59

图版六〇 庙底沟文化素面钵（H84、H96） ……………………………………………… 60

图版六一 庙底沟文化素面钵（H95、H100） …………………………………………… 61

图版六二 庙底沟文化素面钵（H102、H106、H108、H111、H116） …………………… 62

图版六三 庙底沟文化素面钵（H114） …………………………………………………… 63

图版六四 庙底沟文化素面钵、彩陶钵（H122、H138、H143、H148、H164） ………… 64

图版六五 庙底沟文化杯、素面钵（H164、H165、H166） ……………………………… 65

图版六六 庙底沟文化素面钵（H166） …………………………………………………… 66

图版六七 庙底沟文化素面钵（H166、H170） …………………………………………… 67

图版六八 庙底沟文化素面钵（H170、H189） …………………………………………… 68

图版六九 庙底沟文化素面钵（H189、H204） …………………………………………… 69

图版七〇 庙底沟文化素面钵（H208、H209、H210、H214） …………………………… 70

图版七一 庙底沟文化素面钵（H220） …………………………………………………… 71

图版七二 庙底沟文化素面钵（H220、H226、H228、H229） …………………………… 72

图版七三 庙底沟文化素面钵（H229、H235、H240、H244、H255） …………………… 73

图版七四 庙底沟文化素面钵（H266、H270） …………………………………………… 74

图版七五 庙底沟文化素面钵（H297） …………………………………………………… 75

图版七六 庙底沟文化素面钵（H278、H302、H303、H309、H313、H315） …………… 76

图版七七 庙底沟文化素面钵（H317、H325、H327、H255、H328、H332） …………… 77

图版七八 庙底沟文化素面钵（H328、H335、H339、H341、H342） …………………… 78

图版七九 庙底沟文化素面钵（H346、H366） …………………………………………… 79

图版八〇 庙底沟文化素面钵（H388、H383、H394） …………………………………… 80

图版八一 庙底沟文化素面钵（H401、H408、H419、H432） …………………………… 81

图版八二 庙底沟文化素面钵、素面盆（H432） ………………………………………… 82

图版八三　庙底沟文化素面钵（H432、H442、H452、H465）……………83

图版八四　庙底沟文化素面钵（H477、H501、H503、H520）……………84

图版八五　庙底沟文化素面钵（H529、H569）……………85

图版八六　庙底沟文化素面钵（H585、H611、H619）……………86

图版八七　庙底沟文化素面钵（H619）……………87

图版八八　庙底沟文化素面钵（H635、H681、H686、H708）……………88

图版八九　庙底沟文化素面钵（H721、H766、H770）……………89

图版九〇　庙底沟文化素面钵（H770、H775、H805）……………90

图版九一　庙底沟文化素面钵（H787）……………91

图版九二　庙底沟文化素面钵（H805、H812、H816）……………92

图版九三　庙底沟文化素面钵（H819、H825、H831、H836、H844、H854）……………93

图版九四　庙底沟文化素面钵（H854、T17④、T17⑥、T17⑦）……………94

图版九五　庙底沟文化素面钵（T17⑧、T17⑨、T21⑥）……………95

图版九六　庙底沟文化素面钵（T21⑥、T21⑨）……………96

图版九七　庙底沟文化素面钵（T21⑨）……………97

图版九八　庙底沟文化素面钵（T21⑨）……………98

图版九九　庙底沟文化素面钵（T21⑨）……………99

图版一〇〇　庙底沟文化素面钵（T21⑨、T35②）……………100

图版一〇一　庙底沟文化素面钵（T41③、T42②、T62⑤、T66②）……………101

图版一〇二　庙底沟文化素面钵（T72③、T94⑧）……………102

图版一〇三　庙底沟文化素面钵（T94⑧、T98②）……………103

图版一〇四　庙底沟文化素面盆（G3、H9）……………104

图版一〇五　庙底沟文化素面盆（H9、H22、H29）……………105

图版一〇六　庙底沟文化素面盆（H29、H39、H45、H51）……………106

图版一〇七　庙底沟文化素面盆（H51、H54）……………107

图版一〇八　庙底沟文化素面盆（H67、H68、H70、H72、H94）……………108

图版一〇九　庙底沟文化素面盆（H108、H111）……………109

图版一一〇　庙底沟文化素面盆（H122）……………110

图版一一一　庙底沟文化素面盆（H114、H120、H138、H139、H143、H146）……………111

图版一一二　庙底沟文化素面盆（H164、H166、H188、H204）···············112

图版一一三　庙底沟文化素面盆（H208）·····································113

图版一一四　庙底沟文化素面盆（H204、H209、H215、H216、H220）·········114

图版一一五　庙底沟文化素面盆（H220、H226、H229）························115

图版一一六　庙底沟文化素面盆、弦纹盆（H240、H252、H255、H384、H263、H270）·······116

图版一一七　庙底沟文化素面盆、线纹盆（H278、H294、H302、H314、H323、H325）·······117

图版一一八　庙底沟文化素面盆（H326、H335、H339、H340）···············118

图版一一九　庙底沟文化素面盆（H342、H344、H348、H359）···············119

图版一二〇　庙底沟文化素面盆（H359、H366）·······························120

图版一二一　庙底沟文化素面盆（H371、H393、H394、H406、H407）·········121

图版一二二　庙底沟文化素面盆（H408、H412、H419、H432）···············122

图版一二三　庙底沟文化素面盆（H432、H452、H465、H471）···············123

图版一二四　庙底沟文化素面盆（H474、H480、H501、H512）···············124

图版一二五　庙底沟文化素面盆（H477）·····································125

图版一二六　庙底沟文化素面盆（H551、H606、H619、H635、H709、H775）·····126

图版一二七　庙底沟文化素面盆（H770）·····································127

图版一二八　庙底沟文化素面盆（H787、H789、H793）························128

图版一二九　庙底沟文化素面盆（H812、H831、H844）························129

图版一三〇　庙底沟文化素面盆（H845、H854、H876、T17④、T17⑤）·········130

图版一三一　庙底沟文化素面盆（T66②、T17⑧、T21②）······················131

图版一三二　庙底沟文化素面盆（T21⑥、T21⑦、T21⑨）······················132

图版一三三　庙底沟文化素面盆（T21⑨）·····································133

图版一三四　庙底沟文化素面盆（T72③、T94⑧）·····························134

图版一三五　庙底沟文化素面双錾钵（H9、H20、H164）······················135

图版一三六　庙底沟文化素面双錾钵（H166、H220、H229、H297、H328）·······136

图版一三七　庙底沟文化素面双錾钵、篮纹双錾钵（H348、H358、H432、H477）·······137

图版一三八　庙底沟文化素面双錾钵（H477、H619、H766、H770）·············138

图版一三九　庙底沟文化素面双錾盆（H9）·····································139

图版一四〇　庙底沟文化素面双錾盆（H9、H29）·····························140

图版一四一　庙底沟文化素面双鋬盆、罐（H37、H51、H57、H72、H84）·········· 141

图版一四二　庙底沟文化素面双鋬盆、甑（H108、H114、H116、H122、H127）·········· 142

图版一四三　庙底沟文化素面双鋬盆（H166、H220、H229）·········· 143

图版一四四　庙底沟文化素面双鋬盆（H278、H286、H295、H300、H307、H335）·········· 144

图版一四五　庙底沟文化素面双鋬盆（H348、H358、H402、H408）·········· 145

图版一四六　庙底沟文化素面双鋬盆（H408、H432、H442、H452）·········· 146

图版一四七　庙底沟文化素面双鋬盆、钵（H432）·········· 147

图版一四八　庙底沟文化素面双鋬盆、三鋬盆（H477、H501、H582、H619）·········· 148

图版一四九　庙底沟文化素面双鋬盆（H770、H789、T17⑦、T17⑧、T17⑨、T21④）·········· 149

图版一五〇　庙底沟文化素面双鋬盆、钵（T21⑨、T62⑤、H220）·········· 150

图版一五一　庙底沟文化陶甑（H51、H72、H122、H216、H278）·········· 151

图版一五二　庙底沟文化陶甑（H342、H430、H788、H793、T21⑦、G3）·········· 152

图版一五三　庙底沟文化双鋬甑（H9、H29、H39、H72、H164、H166）·········· 153

图版一五四　庙底沟文化双鋬甑（H116、H220、H114、H278、H300）·········· 154

图版一五五　庙底沟文化双鋬甑（H408、H432、H501、H812）·········· 155

图版一五六　庙底沟文化陶器（T21⑨、T94⑧、H9、H20、H170）·········· 156

图版一五七　庙底沟文化陶器（H9、H51、H328）·········· 157

图版一五八　庙底沟文化陶瓮（H165、H339、H432、T17⑧、T17⑨）·········· 158

图版一五九　庙底沟文化陶瓮（H29、H114、H116、H152、H220、H255）·········· 159

图版一六〇　庙底沟文化陶器（H286、H300、H9、H51）·········· 160

图版一六一　庙底沟文化鼓腹罐（H51、H84、H97、H166、H208）·········· 161

图版一六二　庙底沟文化陶罐（H210、H240、H241、H286、H300、H302）·········· 162

图版一六三　庙底沟文化鼓腹罐（H302、H319、H323、H354、H358、H407）·········· 163

图版一六四　庙底沟文化鼓腹罐（H407、H408、H422、H432）·········· 164

图版一六五　庙底沟文化陶罐（H442、H465、H477、H501）·········· 165

图版一六六　庙底沟文化鼓腹罐（H520、H619、H765、H766、H770）·········· 166

图版一六七　庙底沟文化鼓腹罐（H770、H854、T21⑧、T21⑨、T94⑧）·········· 167

图版一六八　庙底沟文化陶罐（T94⑧、H271、H442、H477、H831）·········· 168

图版一六九　庙底沟文化深腹罐（F5、H29、H24、H33、H72、H164）·········· 169

图版一七〇　庙底沟文化深腹罐（H206、H272、H286、H300、H328、H408）……………… 170

图版二七一　庙底沟文化深腹罐（H408、H432、H583、H770、T21⑨）………………………… 171

图版一七二　庙底沟文化陶釜（H164、H220、H255、H277、H339、H373）……………………… 172

图版一七三　庙底沟文化陶釜、灶（H328、H373、H599、T21⑧、H122、T21⑧）…………… 173

图版一七四　庙底沟文化陶匜（H166、H327、H432、H788）…………………………………… 174

图版一七五　庙底沟文化陶盘（H166、H208、H300、H452、H501）…………………………… 175

图版一七六　庙底沟文化陶盘、器盖（H635、H812、H9、H29、H43、H51）………………… 176

图版一七七　庙底沟文化器盖（H67、H72、H102、H114、H208）……………………………… 177

图版一七八　庙底沟文化器盖（H303、H327、H333、H342、H382、H432）…………………… 178

图版一七九　庙底沟文化器盖（H787、T17⑧、H29、H51）…………………………………… 179

图版一八〇　庙底沟文化器盖（H108、H202、H255、H371、H569、H836）………………… 180

图版一八一　庙底沟文化器盖（H72、T21②、T41③、T144①、H408）……………………… 181

图版一八二　庙底沟文化器盖（H20、H116、H166、H256、H559）…………………………… 182

图版一八三　庙底沟文化器盖（T41③、T94④、T94⑧、H138、H297、H432）……………… 183

图版一八四　庙底沟文化器盖、器座（H114、H349、H770、H88、H220、H289）…………… 184

图版一八五　庙底沟文化器座（H280、H408、H452、H619、H770、T17④）………………… 185

图版一八六　庙底沟文化器座（H255、H300、H327、H408、H432、H708）………………… 186

图版一八七　庙底沟文化器座、杯（H708、H770、T94⑧、H382、H9、H29）……………… 187

图版一八八　庙底沟文化陶杯（H39、H72、H137、H166）……………………………………… 188

图版一八九　庙底沟文化陶杯（H204、H206、H210、H225、H229）………………………… 189

图版一九〇　庙底沟文化陶杯（H297、H349、H400、H432、H452）………………………… 190

图版一九一　庙底沟文化陶杯（H619、H681、H770、H773）………………………………… 191

图版一九二　庙底沟文化陶杯（H787、H844、H874、T17③、T17⑥、T35②）……………… 192

图版一九三　庙底沟文化陶器（T43②、T43④、H9、H248、H233、H363）………………… 193

图版一九四　庙底沟文化陶器（H432、H287、H708）…………………………………………… 194

图版一九五　庙底沟文化尖底瓶（H102、H110、H297）………………………………………… 195

图版一九六　庙底沟文化小口尖底瓶（H342、H348、H432、T21⑨）………………………… 196

图版一九七　庙底沟文化小口尖底瓶（H108、H110）…………………………………………… 197

图版一九八　西王村文化陶鼎（H212、H491、H556、H654）………………………………… 198

图版一九九　西王村文化陶器（H828、H841、H212、H676、H717、H765）……………………… 199

图版二〇〇　西王村文化陶钵（H212、H281、H298、H513、H556）…………………………… 200

图版二〇一　西王村文化素面钵（H556、H571、H609、H643、H645、H654）………………… 201

图版二〇二　西王村文化陶钵（H676、H701、H717、H517、H728）…………………………… 202

图版二〇三　西王村文化素面钵（H750、H828、H865）………………………………………… 203

图版二〇四　西王村文化陶器（T94⑤、H281、T106①、H389、H393、H870）……………… 204

图版二〇五　西王村文化器盖（H398、H728、H556、H623、H676、H717）………………… 205

图版二〇六　西王村文化喇叭口尖底瓶（H212、H323、H609）………………………………… 206

图版二〇七　西王村文化陶器（H766、H779、H212）…………………………………………… 207

图版二〇八　西王村文化陶罐（H212、H513、H654、H750）………………………………… 208

图版二〇九　西王村文化深腹罐（H212）………………………………………………………… 209

图版二一〇　西王村文化深腹罐（H212、H390、H491）……………………………………… 210

图版二一一　西王村文化深腹罐（H643、H701、H718、H766）……………………………… 211

图版二一二　西王村文化陶器（H780、H643、H632、H676）………………………………… 212

图版二一三　庙底沟二期文化陶器（H485、H805、H87、H250）…………………………… 213

图版二一四　庙底沟二期文化器盖（H677、H760、H800、H805）…………………………… 214

图版二一五　庙底沟二期文化陶器（Y8、H87、H835、T63③）……………………………… 215

图版二一六　庙底沟二期文化深腹罐（H677、H800、H819）………………………………… 216

1. 彩陶盆（H7：12）

2. 彩陶盆（H7：13）

3. 彩陶盆（H9：11）

4. 彩陶盆（H9：24）

5. 彩陶盆（H9：25）

6. 彩陶盆（H9：40）

图版一　庙底沟文化彩陶盆（H7、H9）

1. 彩陶盆（H9：48）　　　　　　　　2. 彩陶盆（H9：75）

3. 彩陶盆（H29：4）　　　　　　　　4. 彩陶盆（H29：12）

5. 彩陶盆（H39：4）　　　　　　　　6. 彩陶盆（H39：11）

图版二　庙底沟文化彩陶盆（H9、H29、H39）

1. 彩陶盆（H51：15）

2. 彩陶盆（H51：16）

3. 彩陶盆（H51：18）

4. 彩陶盆（H72：9）

5. 彩陶盆（H95：8）

6. 彩陶盆（H116：17）

图版三　庙底沟文化彩陶盆（H51、H72、H95、H116）

1. 彩陶盆（H164：14）

2. 彩陶盆（H166：6）

3. 彩陶盆（H189：2）

4. 彩陶盆（H210：4）

5. 彩陶盆（H210：5）

6. 彩陶盆（H210：10）

图版四　庙底沟文化彩陶盆（H164、H166、H189、H210）

1. 彩陶盆（H220：26）

2. 彩陶盆（H229：11）

3. 彩陶盆（H240：3）

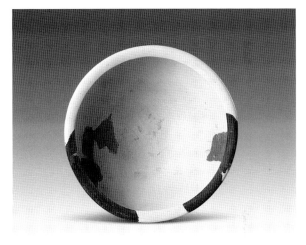

4. 彩陶盆（H241：11）

5. 彩陶盆（H297：12）

6. 彩陶盆（H302：4）

图版五　庙底沟文化彩陶盆（H220、H229、H240、H241、H297、H302）

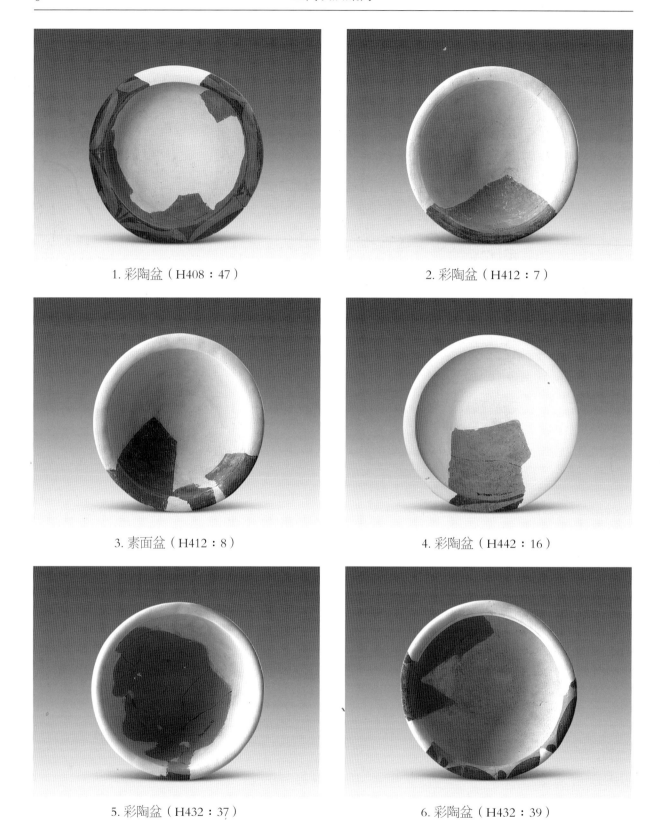

1. 彩陶盆（H408：47）　　　　　　　2. 彩陶盆（H412：7）

3. 素面盆（H412：8）　　　　　　　4. 彩陶盆（H442：16）

5. 彩陶盆（H432：37）　　　　　　　6. 彩陶盆（H432：39）

图版六　庙底沟文化陶盆（H408、H412、H442、H432）

1. 彩陶盆（H432：41）

2. 彩陶盆（H442：18）

3. 彩陶盆（H442：19）

4. 彩陶盆（H442：20）

5. 彩陶盆（H477：25）

6. 彩陶盆（H477：26）

图版七　庙底沟文化彩陶盆（H432、H442、H477）

1. 彩陶盆（H29：25）

2. 彩陶盆（H116：14）

3. 彩陶盆（H314：1）

4. 彩陶盆（H323：2）

5. 彩陶盆（H325：11）

6. 彩陶盆（H335：6）

图版八　庙底沟文化彩陶盆（H29、H116、H314、H323、H325、H335）

1. 彩陶盆（H335：13）

2. 彩陶盆（H335：15）

3. 彩陶盆（H339：9）

4. 彩陶盆（H342：10）

5. 彩陶盆（H405：2）

6. 彩陶盆（H477：42）

图版九　庙底沟文化彩陶盆（H335、H339、H342、H405、H477）

1. 彩陶盆（H477：48）

2. 彩陶盆（H477：49）

3. 彩陶盆（H477：81）

4. 彩陶盆（H501：5）

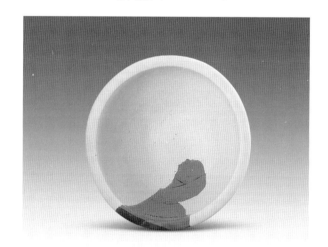

5. 彩陶盆（H545：1）

6. 彩陶盆（H549：1）

图版一〇　庙底沟文化彩陶盆（H477、H501、H545、H549）

1. 彩陶盆（H599：7）

2. 彩陶盆（H619：19）

3. 彩陶盆（H619：22）

4. 彩陶盆（H619：23）

5. 彩陶盆（H619：24）

6. 彩陶盆（H625：2）

图版一一　庙底沟文化彩陶盆（H599、H619、H625）

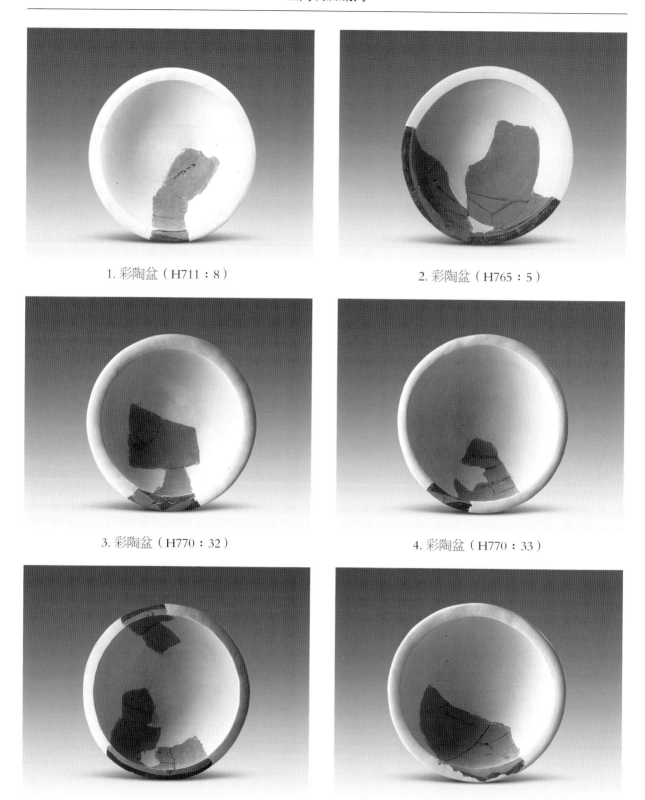

1. 彩陶盆（H711：8）　　　　　　　　　2. 彩陶盆（H765：5）

3. 彩陶盆（H770：32）　　　　　　　　　4. 彩陶盆（H770：33）

5. 彩陶盆（H770：34）　　　　　　　　　6. 彩陶盆（H770：35）

图版一二　庙底沟文化彩陶盆（H711、H765、H770）

1. 彩陶盆（H787：9）

2. 彩陶盆（H831：1）

3. 彩陶盆（H248：1）

4. 彩陶盆（T21 ⑦：91）

5. 彩陶盆（T21 ⑨：81）

6. 彩陶盆（T21 ⑨：82）

图版一三　庙底沟文化彩陶盆（H787、H831、H248、T21 ⑦、T21 ⑨）

1. 彩陶盆（T21⑨：85）

2. 彩陶盆（T35②：4）

3. 彩陶盆（T35②：5）

4. 彩陶盆（T52③：1）

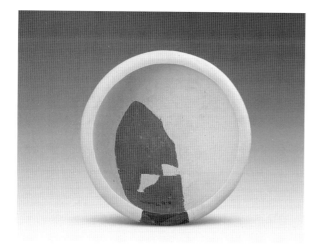

5. 彩陶盆（T62④：18）

6. 彩陶盆（T94⑧：23）

图版一四　庙底沟文化彩陶盆（T21⑨、T35②、T52③、T62④、T94⑧）

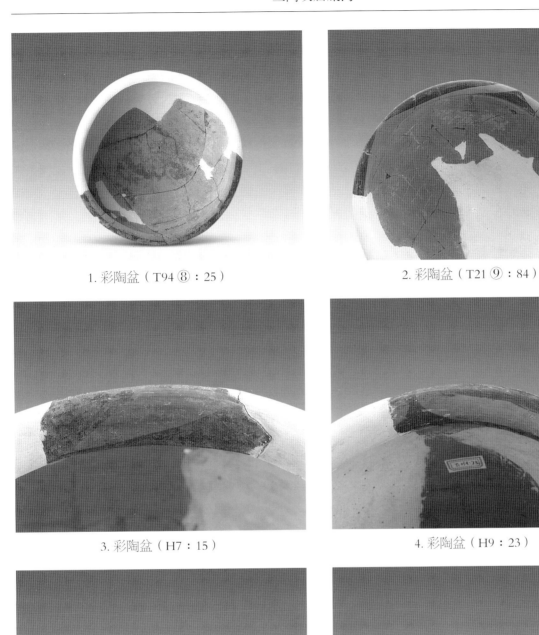

1. 彩陶盆（T94⑧：25）　　　　　　2. 彩陶盆（T21⑨：84）

3. 彩陶盆（H7：15）

4. 彩陶盆（H9：23）

5. 彩陶盆（H9：37）　　　　　　　6. 彩陶盆（H9：38）

图版一五　庙底沟文化彩陶盆（T94⑧、T21⑨、H7、H9）

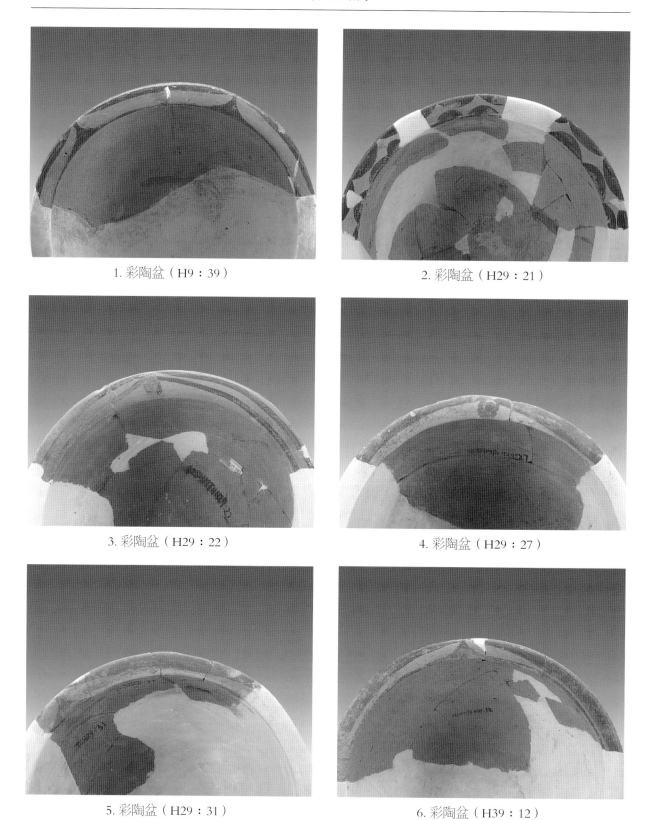

1. 彩陶盆（H9：39）　　　　　　　2. 彩陶盆（H29：21）

3. 彩陶盆（H29：22）　　　　　　　4. 彩陶盆（H29：27）

5. 彩陶盆（H29：31）　　　　　　　6. 彩陶盆（H39：12）

图版一六　庙底沟文化彩陶盆（H9、H29、H39）

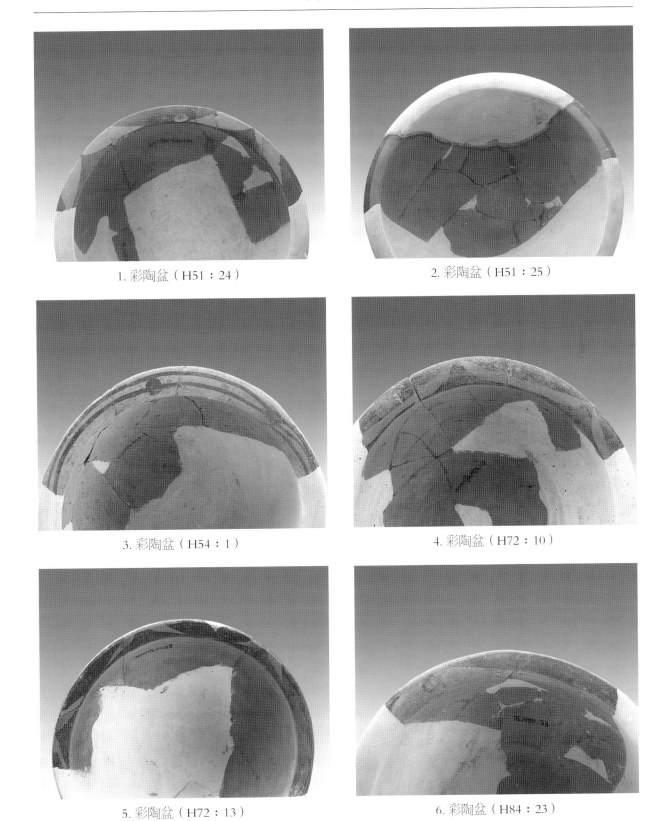

1. 彩陶盆（H51：24）

2. 彩陶盆（H51：25）

3. 彩陶盆（H54：1）

4. 彩陶盆（H72：10）

5. 彩陶盆（H72：13）

6. 彩陶盆（H84：23）

图版一七　庙底沟文化彩陶盆（H51、H54、H72、H84）

1. 彩陶盆（H189：10）

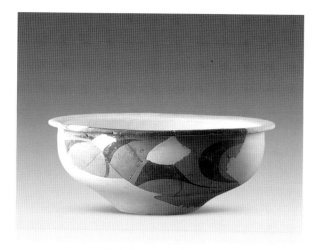

2. 彩陶盆（T94 ⑧：20）

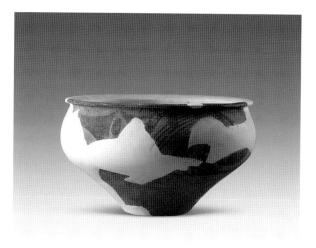

3. 彩陶盆（H166：65）

4. 彩陶盆（H108：17）

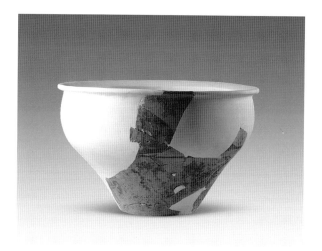

5. 彩陶盆（T17 ⑥：29）

6. 彩陶盆（T185 ①：1）

图版一八　庙底沟文化彩陶盆（H189、T94 ⑧、H166、H108、T17 ⑥、T185 ①）

1. 彩陶盆（H5∶5）

2. 彩陶盆（H29∶3）

3. 彩陶盆（H51∶14）

4. 彩陶盆（H114∶11）

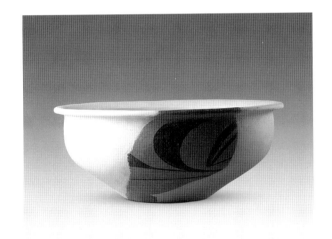

5. 彩陶盆（H122∶10）

6. 彩陶盆（H122∶13）

图版一九　庙底沟文化彩陶盆（H5、H29、H51、H114、H122）

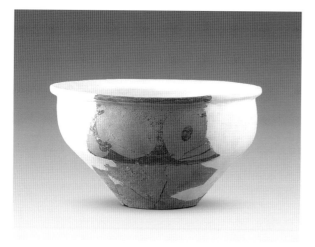

1. 彩陶盆（H138：4）

2. 彩陶盆（H148：2）

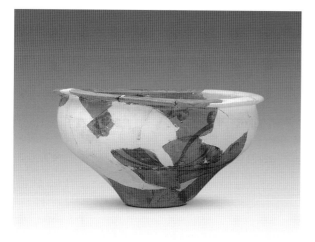

3. 彩陶盆（H189：5）

4. 彩陶盆（H202：1）

5. 彩陶盆（T35②：8）

6. 彩陶盆（H220：26）

图版二〇　庙底沟文化彩陶盆（H138、H148、H189、H202、T35②、H220）

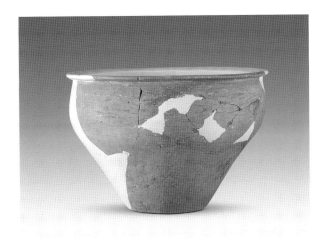

1. 彩陶盆（H328：18）

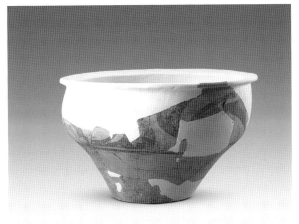

2. 彩陶盆（H335：14）

3. 彩陶盆（H335：25）

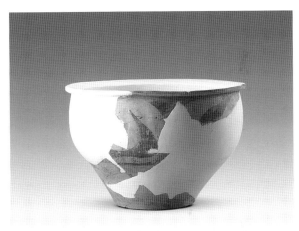

4. 彩陶盆（H335：26）

5. 彩陶盆（H335：29）

6. 彩陶盆（H339：6）

图版二一　庙底沟文化彩陶盆（H328、H335、H339）

1. 素面盆（H342：9）

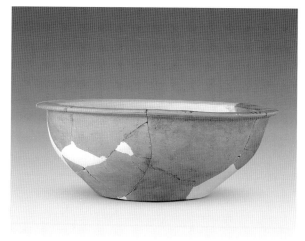

2. 彩陶盆（H432：38）

3. 彩陶钵（H432：42）

4. 彩陶盆（H432：94）

5. 彩陶盆（H384：5）

6. 彩陶盆（H477：47）

图版二二　庙底沟文化陶盆（H342、H432、H384、H477）

1. 彩陶盆（H711：1）

2. 彩陶盆（H770：115）

3. 彩陶盆（H812：3）

4. 彩陶盆（T21 ⑨：88）

5. 彩陶盆（T17 ⑧：37）

6. 彩陶盆（T17 ⑨：45）

图版二三　庙底沟文化彩陶盆（H711、H770、H812、T21 ⑨、T17 ⑧、T17 ⑨）

1. 彩陶盆（T17 ⑨：47）

2. 彩陶盆（T21 ⑨：83）

3. 彩陶盆（T21 ⑨：86）

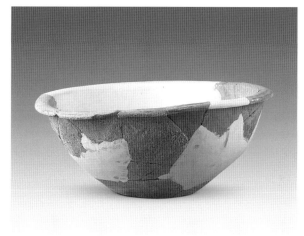

4. 彩陶盆（T35 ②：3）

5. 彩陶双錾钵（H9：82）

6. 彩陶双錾钵（H116：50）

图版二四　庙底沟文化彩陶盆（T17 ⑨、T21 ⑨、T35 ②）、彩陶双錾钵（H9、H116）

1. 彩陶双鋬钵（H432∶44）

2. 彩陶双鋬钵（H619∶44）

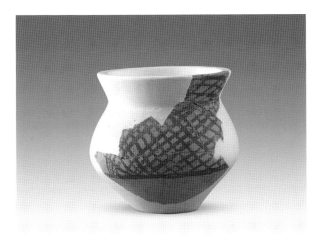

3. 彩陶壶（H493∶1）

4. 彩陶罐（H23∶3）

5. 彩陶钵（T21⑧∶32）

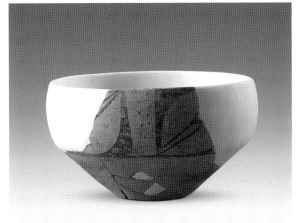

6. 彩陶钵（T72③∶4）

图版二五　庙底沟遗址彩陶（H493、H23、T21⑧、T72③、H432、H619）

1. 彩陶钵（T72③：3）

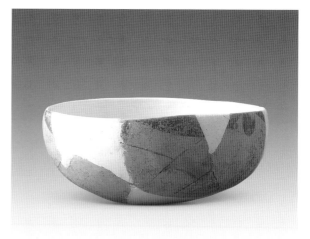

2. 彩陶钵（T128①：1）

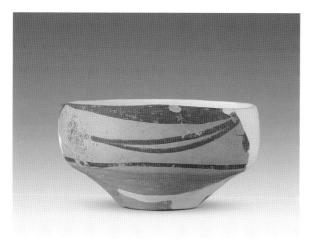

3. 彩陶钵（H7：9）

4. 彩陶钵（H7：16）

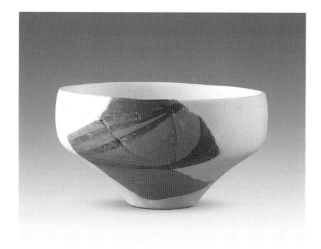

5. 彩陶钵（H15：1）

6. 彩陶钵（T62②：21）

图版二六　庙底沟文化彩陶钵（T72③、T128①、H7、H15、T62②）

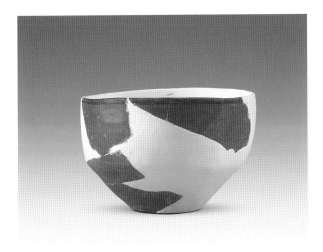

1. 彩陶钵（T62 ⑤：17）

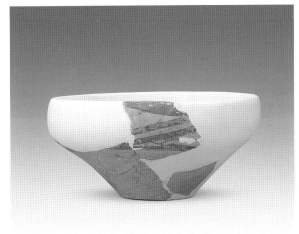

2. 彩陶钵（H29：8）

3. 彩陶钵（H29：11）

4. 彩陶钵（H29：14）

5. 彩陶钵（H29：15）

6. 彩陶钵（H29：26）

图版二七　庙底沟文化彩陶钵（T62 ⑤、H29）

1. 彩陶钵（H29：32）

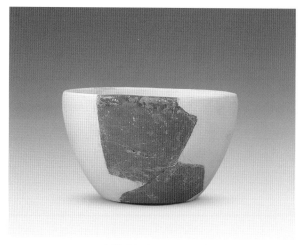

2. 彩陶钵（H221：4）

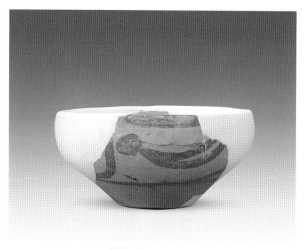

3. 彩陶钵（H39：9）

4. 彩陶钵（H51：20）

5. 彩陶钵（H51：21）

6. 彩陶钵（H51：22）

图版二八　庙底沟文化彩陶钵（H29、H221、H39、H51）

1. 彩陶钵（H51：23）

2. 彩陶钵（H57：10）

3. 彩陶钵（H70：3）

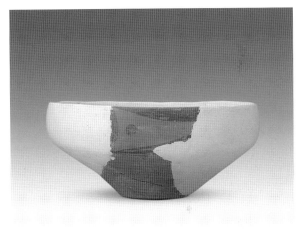

4. 彩陶钵（H72：11）

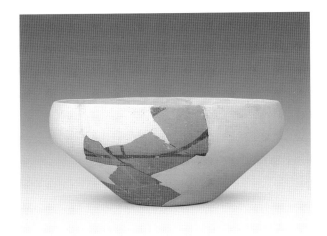

5. 彩陶钵（H72：12）

6. 彩陶钵（H74：15）

图版二九　庙底沟文化彩陶钵（H51、H57、H70、H72、H74）

1. 彩陶钵（H78：1）

2. 彩陶钵（H84：22）

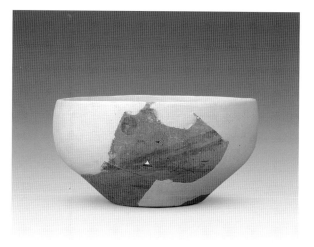

3. 彩陶钵（H84：31）

4. 彩陶钵（H84：32）

5. 彩陶钵（H87：2）

6. 彩陶钵（H88：3）

图版三〇　庙底沟文化彩陶钵（H78、H84、H87、H88）

1. 彩陶钵（H95：4）

2. 彩陶钵（H9：30）

3. 彩陶钵（H110：10）

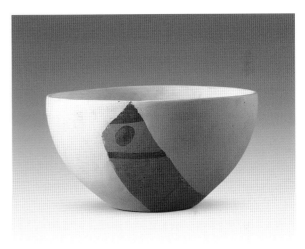

4. 彩陶钵（H110：11）

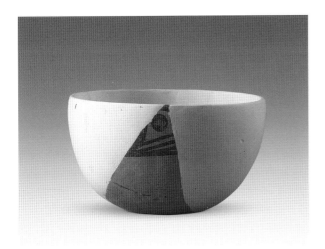

5. 彩陶钵（H110：12）

6. 彩陶钵（H110：14）

图版三一　庙底沟文化彩陶钵（H95、H9、H110）

1. 彩陶钵（H114：16）

2. 彩陶钵（H114：17）

3. 彩陶钵（H116：11）

4. 彩陶钵（H116：37）

5. 彩陶钵（H116：39）

6. 彩陶钵（H116：43）

图版三二　庙底沟文化彩陶钵（H114、H116）

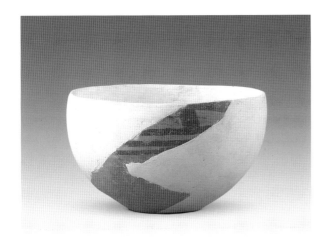

1. 彩陶钵（H138：5）

2. 彩陶钵（H152：3）

3. 彩陶钵（H162：1）

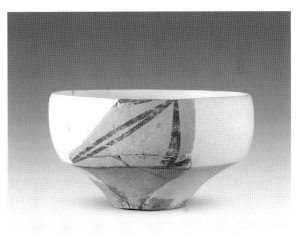

4. 彩陶钵（H165：9）

5. 彩陶钵（H166：10）

6. 彩陶钵（H166：17）

图版三三　庙底沟文化彩陶钵（H138、H152、H162、H165、H166）

1. 彩陶钵（H166：18）

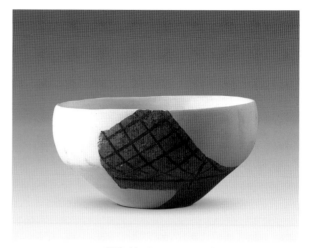

2. 彩陶钵（H166：20）

3. 彩陶钵（H166：24）

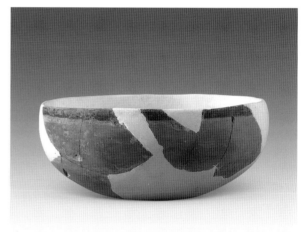

4. 彩陶钵（H187：1）

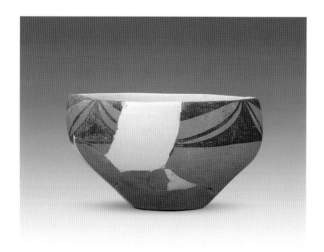

5. 彩陶钵（H189：1）

6. 彩陶钵（H189：8）

图版三四　庙底沟文化彩陶钵（H166、H187、H189）

1. 彩陶钵（H189：9）

2. 彩陶钵（H189：11）

3. 彩陶钵（H189：12）

4. 彩陶钵（H215：3）

5. 彩陶钵（H220：19）

6. 彩陶钵（H240：1）

图版三五　庙底沟文化彩陶钵（H189、H215、H220、H240）

1. 彩陶钵（H240：2）

2. 彩陶钵（H277：2）

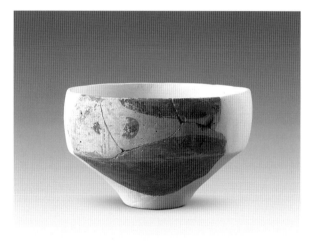

3. 彩陶钵（H278：31）

4. 彩陶钵（H278：32）

5. 彩陶钵（H286：12）

6. 彩陶钵（H288：3）

图版三六　庙底沟文化彩陶钵（H240、H277、H278、H286、H288）

1. 彩陶钵（H297：11）

2. 彩陶钵（H335：5）

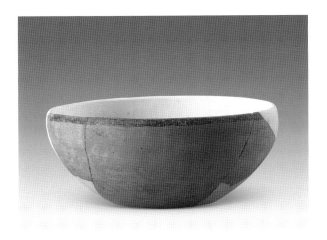

3. 彩陶钵（H335：16）

4. 彩陶钵（H335：33）

5. 彩陶钵（H335：35）

6. 彩陶钵（H335：37）

图版三七　庙底沟文化彩陶钵（H297、H335）

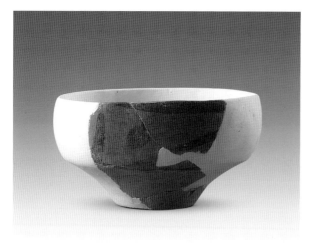

1. 彩陶钵（H335：38）

2. 彩陶钵（H335：41）

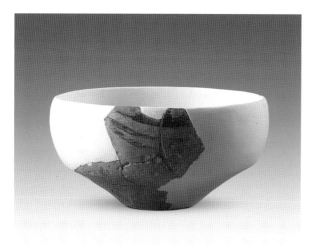

3. 彩陶钵（H335：44）

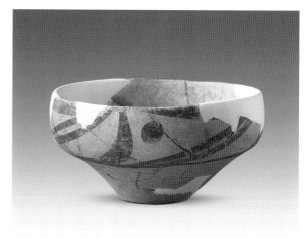

4. 彩陶钵（H422：17）

5. 彩陶钵（H348：5）

6. 彩陶钵（H354：2）

图版三八　庙底沟文化彩陶钵（H335、H422、H348、H354）

1. 彩陶钵（H354：3）

2. 彩陶钵（H373：2）

3. 彩陶钵（H408：4）

4. 彩陶钵（H408：12）

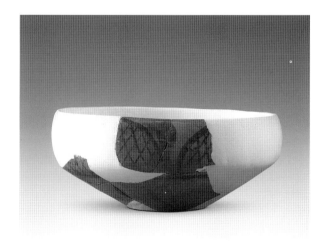

5. 彩陶钵（H408：13）

6. 彩陶钵（H408：38）

图版三九　庙底沟文化彩陶钵（H354、H373、H408）

1. 彩陶钵（H408：45）

2. 彩陶钵（H412：10）

3. 彩陶钵（H432：11）

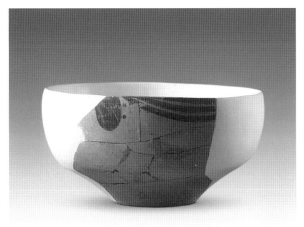

4. 彩陶钵（H432：12）

5. 彩陶钵（H432：14）

6. 彩陶钵（H432：17）

图版四〇　庙底沟文化彩陶钵（H408、H412、H432）

1. 彩陶钵（H432：18）

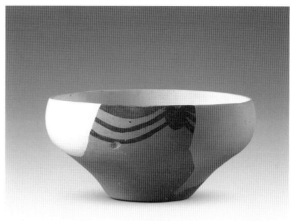

2. 彩陶钵（H432：21）

3. 彩陶钵（H432：23）

4. 彩陶钵（H432：26）

5. 彩陶钵（H432：27）

6. 彩陶钵（H432：29）

图版四一　庙底沟文化彩陶钵（H432）

1. 彩陶钵（H432：30）

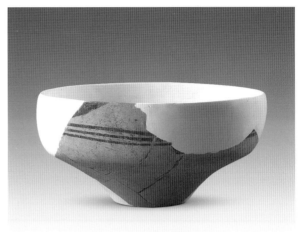

2. 彩陶钵（H477：5）

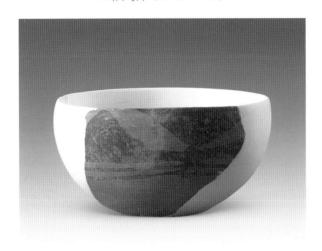

3. 彩陶钵（H477：6）

4. 彩陶钵（H477：10）

5. 彩陶钵（H477：11）

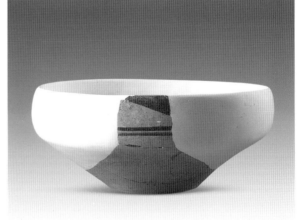

6. 彩陶钵（H477：13）

图版四二　庙底沟文化彩陶钵（H432、H477）

1. 彩陶钵（H477：15）

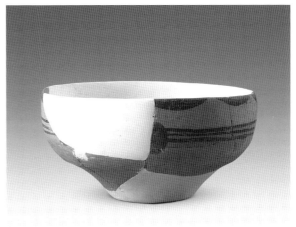

2. 彩陶钵（H477：20）

3. 彩陶钵（H477：27）

4. 彩陶钵（H477：28）

5. 彩陶钵（H477：43）

6. 彩陶钵（H477：74）

图版四三　庙底沟文化彩陶钵（H477）

1. 彩陶钵（H506：1）

2. 彩陶钵（H542：1）

3. 彩陶钵（H542：2）

4. 彩陶钵（H542：11）

5. 彩陶钵（H564：1）

6. 彩陶钵（H569：1）

图版四四　庙底沟文化彩陶钵（H506、H542、H564、H569）

1. 素面钵（H569：2）

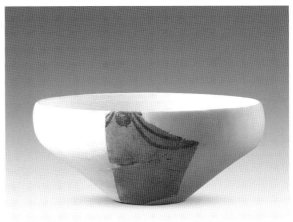

2. 彩陶钵（H599：4）

3. 彩陶钵（H599：6）

4. 彩陶钵（H619：29）

5. 彩陶钵（H619：30）

6. 彩陶钵（H619：31）

图版四五　庙底沟文化彩陶钵、素面钵（H569、H599、H619）

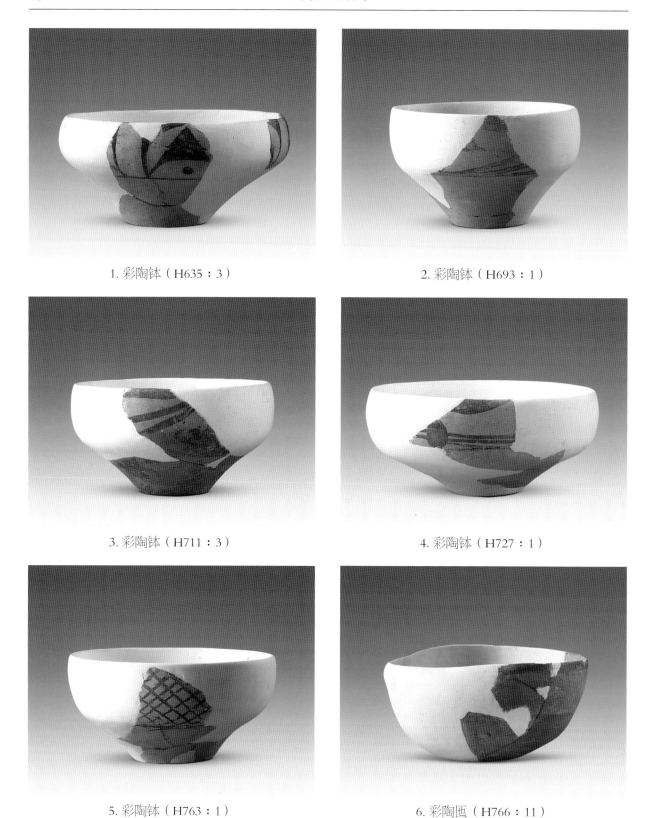

1. 彩陶钵（H635：3）　　　　　　　2. 彩陶钵（H693：1）

3. 彩陶钵（H711：3）　　　　　　　4. 彩陶钵（H727：1）

5. 彩陶钵（H763：1）　　　　　　　6. 彩陶匜（H766：11）

图版四六　庙底沟文化彩陶钵（H635、H693、H711、H727、H763、H766）

1. 彩陶钵（H766：12）

2. 彩陶钵（H766：13）

3. 彩陶钵（H766：29）

4. 彩陶钵（H766：30）

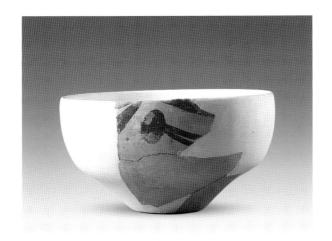

5. 彩陶钵（H770：38）

6. 彩陶钵（H770：40）

图版四七　庙底沟文化彩陶钵（H766、H770）

1. 彩陶钵（H770：42）

2. 彩陶钵（H770：52）

3. 彩陶钵（H770：54）

4. 彩陶钵（H770：55）

5. 彩陶钵（H770：56）

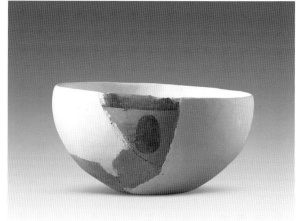

6. 彩陶钵（H770：58）

图版四八　庙底沟文化彩陶钵（H770）

1. 彩陶钵（H770：59）

2. 彩陶钵（H770：62）

3. 彩陶钵（H770：63）

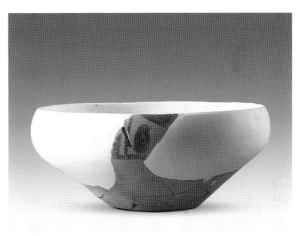

4. 彩陶钵（H770：64）

5. 彩陶钵（H770：66）

6. 彩陶钵（H770：68）

图版四九　庙底沟文化彩陶钵（H770）

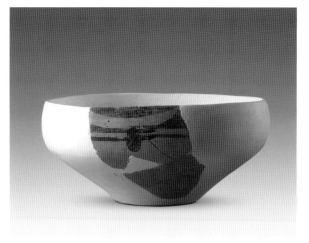

1. 彩陶钵（H770：71）

2. 彩陶钵（H770：72）

3. 彩陶钵（H770：73）

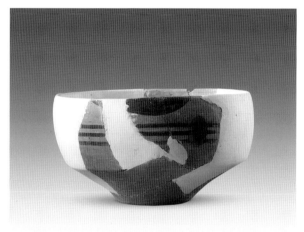

4. 彩陶钵（H770：75）

5. 彩陶钵（H770：76）

6. 彩陶钵（H770：79）

图版五〇　庙底沟文化彩陶钵（H770）

1. 彩陶钵（H770：116）

2. 彩陶钵（H770：117）

3. 彩陶钵（H773：5）

4. 彩陶钵（H773：6）

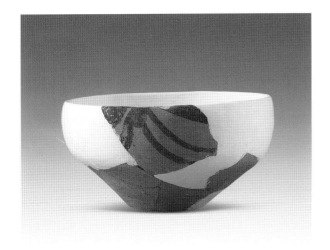

5. 彩陶钵（H854：4）

6. 彩陶钵（H854：5）

图版五一　庙底沟文化彩陶钵（H770、H773、H854）

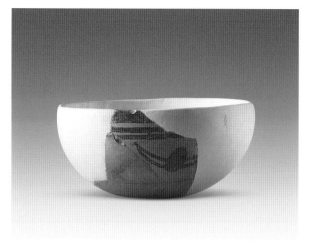

1. 彩陶钵（T108③：7）

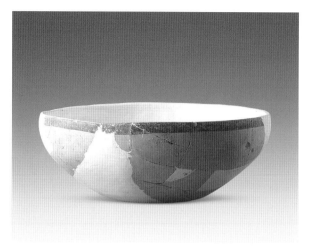

2. 彩陶钵（T94⑧：38）

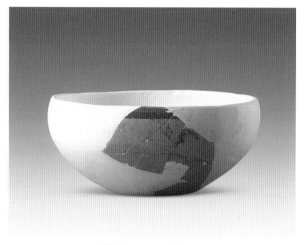

3. 彩陶钵（T94⑧：12）

4. 彩陶盆（H466：6）

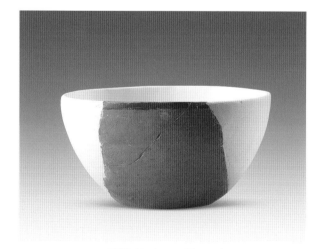

5. 彩陶钵（T72③：8）

6. 彩陶钵（T2③：1）

图版五二　庙底沟文化彩陶钵（T108③、T94⑧、H466、T72③、T2③）

1. 彩陶钵（T17④：22）

2. 彩陶钵（T17⑥：30）

3. 彩陶钵（T17⑧：38）

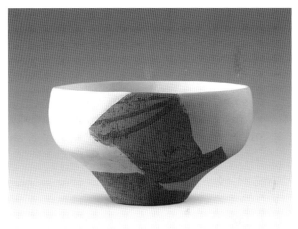

4. 彩陶钵（T17⑧：39）

5. 彩陶钵（T21②：109）

6. 彩陶钵（H514：1）

图版五三　庙底沟文化彩陶钵（T17④、T17⑥、T17⑧、T21②、H514）

1. 素面钵（F3：1）

2. 素面钵（G3：3）

3. 素面钵（G3：7）

4. 彩陶钵（H7：14）

5. 素面钵（H7：18）

6. 素面钵（H7：19）

图版五四　庙底沟文化素面钵、彩陶钵（F3、G3、H7）

1. 素面钵（H9：54）

2. 素面钵（H9：52）

3. 素面钵（H9：53）

4. 素面钵（H9：65）

5. 素面钵（H9：66）

6. 素面钵（H9：71）

图版五五　庙底沟文化素面钵（H9）

1. 素面钵（H51：43）

2. 素面钵（H24：3）

3. 素面钵（H29：37）

4. 素面钵（H29：42）

5. 素面钵（H29：43）

6. 素面钵（H29：44）

图版五六　庙底沟文化素面钵（H51、H24、H29）

1. 素面钵（H29：66）

2. 素面钵（H29：67）

3. 素面钵（H29：68）

4. 素面钵（H29：70）

5. 素面钵（H39：14）

6. 素面钵（H39：20）

图版五七　庙底沟文化素面钵（H29、H39）

1. 素面钵（H43：7）

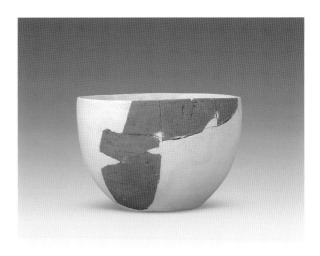

2. 素面钵（H43：10）

3. 素面钵（H43：11）

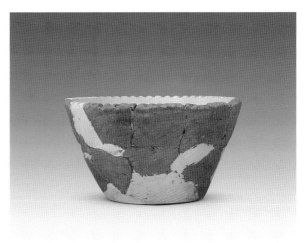

4. 素面钵（H43：12）

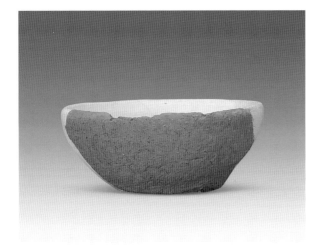

5. 素面钵（H48：1）

6. 素面钵（H48：2）

图版五八　庙底沟文化素面钵（H43、H48）

1. 素面钵（H51：34）

2. 素面钵（H54：3）

3. 素面钵（H54：4）

4. 素面钵（H72：17）

5. 素面钵（H72：21）

6. 素面钵（H87：7）

图版五九　庙底沟文化素面钵（H51、H54、H72、H87）

1. 素面钵（H84：24）

2. 素面钵（H84：25）

3. 素面钵（H84：27）

4. 素面钵（H84：28）

5. 素面钵（H84：34）

6. 素面钵（H96：1）

图版六〇　庙底沟文化素面钵（H84、H96）

1. 素面钵（H95：3）

2. 素面钵（H95：5）

3. 素面钵（H95：6）

4. 素面钵（H95：7）

5. 素面钵（H95：9）

6. 素面钵（H100：3）

图版六一　庙底沟文化素面钵（H95、H100）

1. 素面钵（H102：4）

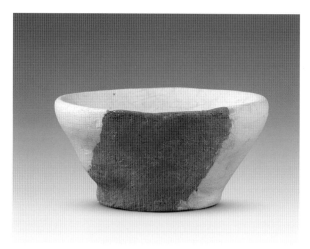

2. 素面钵（H106：7）

3. 素面钵（H106：8）

4. 素面钵（H108：22）

5. 素面钵（H111：8）

6. 素面钵（H116：18）

图版六二　庙底沟文化素面钵（H102、H106、H108、H111、H116）

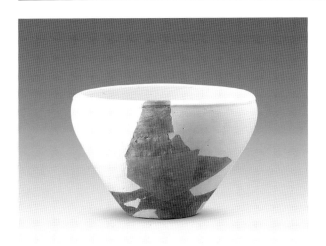

1. 素面盆（H114：18）

2. 素面钵（H114：20）

3. 素面钵（H114：21）

4. 素面钵（H114：22）

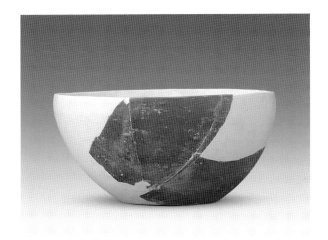

5. 素面钵（H114：28）

6. 素面钵（H114：29）

图版六三　庙底沟文化素面钵（H114）

1. 素面钵（H122：14）

2. 素面钵（H138：6）

3. 彩陶钵（H143：1）

4. 素面钵（H148：1）

5. 素面钵（H164：5）

6. 素面钵（H164：26）

图版六四　庙底沟文化素面钵、彩陶钵（H122、H138、H143、H148、H164）

1. 杯（H164：29）

2. 素面钵（H164：31）

3. 素面钵（H164：32）

4. 素面钵（H165：11）

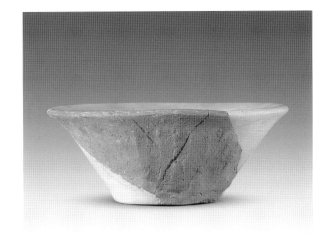

5. 素面钵（H165：10）

6. 素面钵（H166：8）

图版六五　庙底沟文化杯、素面钵（H164、H165、H166）

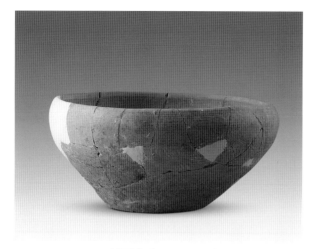

1. 素面钵（H166：29）

2. 素面钵（H166：30）

3. 素面钵（H166：37）

4. 素面钵（H166：39）

5. 素面钵（H166：42）

6. 素面钵（H166：56）

图版六六　庙底沟文化素面钵（H166）

1. 素面钵（H166：57）

2. 素面钵（H166：58）

3. 素面钵（H166：59）

4. 素面钵（H166：67）

5. 素面钵（H170：4）

6. 素面钵（H170：5）

图版六七　庙底沟文化素面钵（H166、H170）

1. 素面钵（H170：6）　　　　　　　　2. 素面钵（H170：7）

3. 素面钵（H189：13）　　　　　　　4. 素面钵（H189：14）

5. 素面钵（H189：17）　　　　　　　6. 素面钵（H189：20）

图版六八　庙底沟文化素面钵（H170、H189）

1. 素面钵（H189：15）

2. 素面钵（H189：16）

3. 素面钵（H189：18）

4. 素面钵（H189：19）

5. 素面钵（H204：1）

6. 素面钵（H204：6）

图版六九　庙底沟文化素面钵（H189、H204）

1. 素面钵（H208：1）

2. 素面钵（H208：2）

3. 素面钵（H208：11）

4. 素面钵（H209：3）

5. 素面钵（H210：6）

6. 素面钵（H214：1）

图版七〇　庙底沟文化素面钵（H208、H209、H210、H214）

1. 素面钵（H220：15）

2. 素面钵（H220：34）

3. 素面钵（H220：35）

4. 素面钵（H220：37）

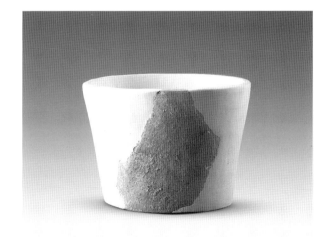

5. 素面钵（H220：38）

6. 素面钵（H220：42）

图版七一　庙底沟文化素面钵（H220）

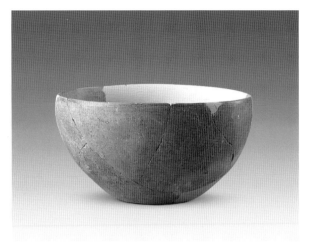

1. 素面钵（H220：43）

2. 素面钵（H220：44）

3. 素面钵（H220：47）

4. 素面钵（H226：2）

5. 素面钵（H228：2）

6. 彩陶钵（H229：13）

图版七二　庙底沟文化素面钵（H220、H226、H228、H229）

1. 素面钵（H229：15）

2. 素面钵（H229：17）

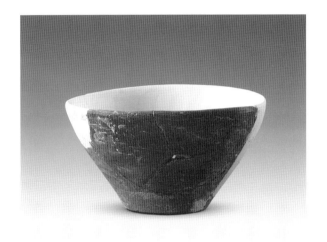

3. 素面钵（H235：1）

4. 素面钵（H240：5）

5. 素面钵（H244：2）

6. 素面盆（H255：8）

图版七三　庙底沟文化素面钵（H229、H235、H240、H244、H255）

1. 素面钵（H266：1）

2. 素面钵（H266：2）

3. 素面钵（H266：3）

4. 素面钵（H270：2）

5. 素面钵（H270：4）

6. 素面钵（H270：5）

图版七四　庙底沟文化素面钵（H266、H270）

1. 素面钵（H297：3）

2. 素面钵（H297：5）

3. 素面钵（H297：6）

4. 素面钵（H297：13）

5. 素面盆（H297：14）

6. 素面钵（H297：15）

图版七五　庙底沟文化素面钵（H297）

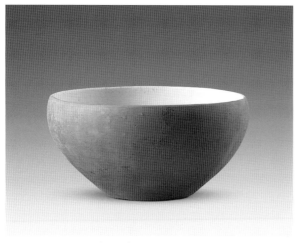

1. 素面钵（H278：27）

2. 素面盆（H302：9）

3. 素面钵（H303：2）

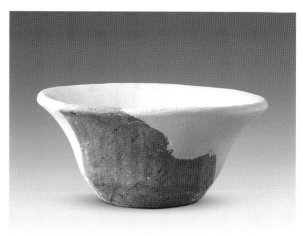

4. 素面钵（H309：1）

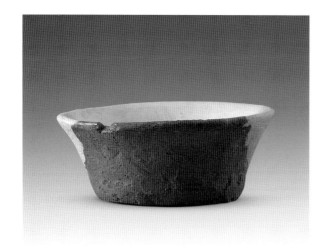

5. 素面钵（H313：1）

6. 素面钵（H315：2）

图版七六　庙底沟文化素面钵（H278、H302、H303、H309、H313、H315）

1. 素面钵（H317：1）

2. 素面钵（H325：10）

3. 素面钵（H327：2）

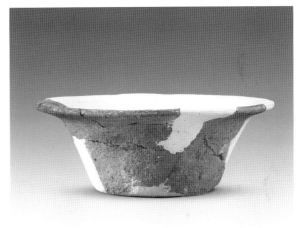

4. 素面钵（H255：7）

5. 素面钵（H328：6）

6. 素面钵（H332：1）

图版七七　庙底沟文化素面钵（H317、H325、H327、H255、H328、H332）

1. 素面钵（H328：5）

2. 素面钵（H335：32）

3. 素面钵（H339：5）

4. 素面钵（H341：5）

5. 素面钵（H342：7）

6. 素面钵（H342：8）

图版七八　庙底沟文化素面钵（H328、H335、H339、H341、H342）

1. 素面钵（H346：3）

2. 素面钵（H346：4）

3. 素面钵（H366：5）

4. 素面钵（H366：6）

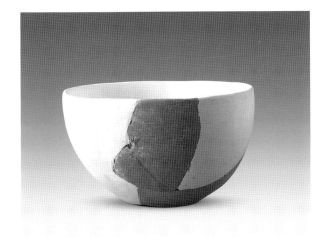

5. 素面钵（H366：7）

6. 素面钵（H366：8）

图版七九   庙底沟文化素面钵（H346、H366）

1. 素面钵（H388：3）

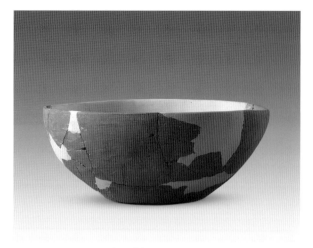

2. 素面钵（H383：3）

3. 素面钵（H394：3）

4. 素面钵（H394：4）

5. 素面钵（H394：5）

6. 素面钵（H394：6）

图版八〇　庙底沟文化素面钵（H388、H383、H394）

1. 素面钵（H401∶1）

2. 素面钵（H401∶2）

3. 素面钵（H408∶6）

4. 素面钵（H408∶54）

5. 素面钵（H419∶9）

6. 素面钵（H432∶36）

图版八一　庙底沟文化素面钵（H401、H408、H419、H432）

1. 素面钵（H432：49）

2. 素面盆（H432：54）

3. 素面钵（H432：63）

4. 素面钵（H432：64）

5. 素面钵（H432：65）

6. 素面钵（H432：70）

图版八二　庙底沟文化素面钵、素面盆（H432）

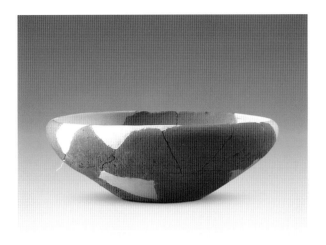

1. 素面钵（H432：75）

2. 素面钵（H432：78）

3. 素面钵（H432：101）

4. 素面钵（H442：24）

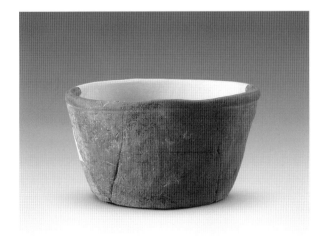

5. 素面钵（H452：2）

6. 素面钵（H465：7）

图版八三　庙底沟文化素面钵（H432、H442、H452、H465）

1. 素面钵（H477：83）

2. 素面钵（H477：112）

3. 素面钵（H477：113）

4. 素面钵（H501：7）

5. 素面钵（H503：6）

6. 素面钵（H520：2）

图版八四　庙底沟文化素面钵（H477、H501、H503、H520）

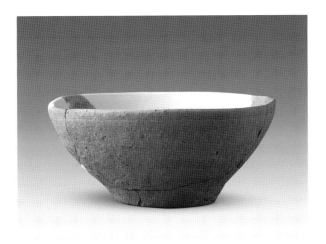

1. 素面钵（H529：13）

2. 素面钵（H569：5）

3. 素面钵（H569：11）

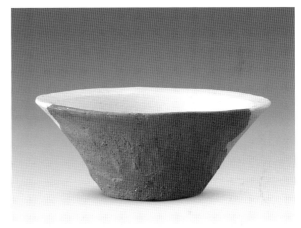

4. 素面钵（H569：12）

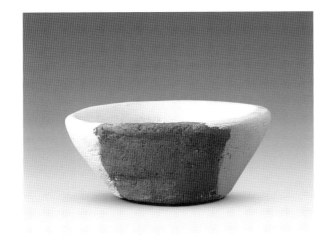

5. 素面钵（H569：13）

6. 素面钵（H569：14）

图版八五　庙底沟文化素面钵（H529、H569）

1. 素面钵（H585：1）

2. 素面钵（H611：2）

3. 素面钵（H611：3）

4. 素面钵（H619：41）

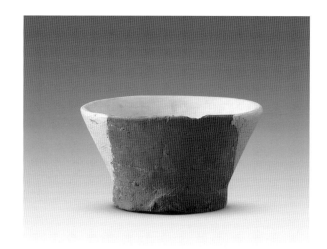

5. 素面钵（H619：4）

6. 素面钵（H619：12）

图版八六　庙底沟文化素面钵（H585、H611、H619）

1. 素面钵（H619∶42）

2. 素面钵（H619∶49）

3. 素面钵（H619∶50）

4. 素面钵（H619∶51）

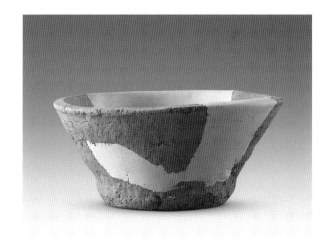

5. 素面钵（H619∶52）

6. 素面钵（H619∶56）

图版八七　庙底沟文化素面钵（H619）

1. 素面钵（H635：5）　　　　2. 素面钵（H681：1）

3. 素面钵（H681：2）　　　　4. 素面钵（H681：4）

5. 素面钵（H686：1）　　　　6. 素面钵（H708：1）

图版八八　庙底沟文化素面钵（H635、H681、H686、H708）

1. 素面钵（H721：1）

2. 素面钵（H766：9）

3. 素面钵（H766：28）

4. 素面钵（H766：31）

5. 素面钵（H770：10）

6. 素面钵（H770：29）

图版八九　庙底沟文化素面钵（H721、H766、H770）

1. 素面钵（H770：88）

2. 素面钵（H770：89）

3. 素面钵（H770：101）

4. 素面钵（H770：113）

5. 素面钵（H775：2）

6. 素面钵（H805：3）

图版九〇　庙底沟文化素面钵（H770、H775、H805）

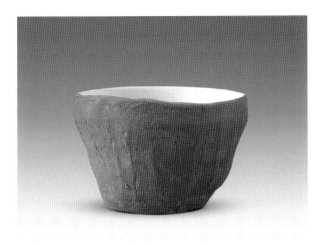

1. 素面钵（H787：3）

2. 素面钵（H787：11）

3. 素面钵（H787：13）

4. 素面钵（H787：14）

5. 素面钵（H787：15）

6. 素面钵（H787：21）

图版九一　庙底沟文化素面钵（H787）

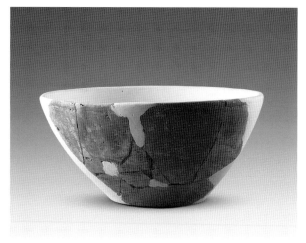

1. 素面钵（H805：12）

2. 素面钵（H816：1）

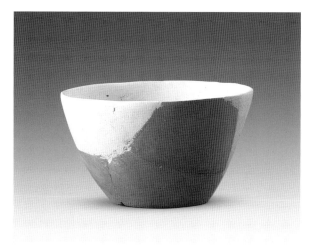

3. 素面钵（H812：7）

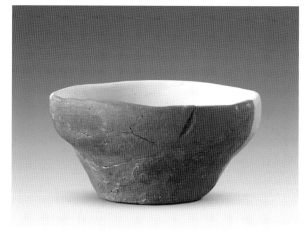

4. 素面钵（H812：12）

5. 素面钵（H812：13）

6. 素面钵（H812：15）

图版九二　庙底沟文化素面钵（H805、H812、H816）

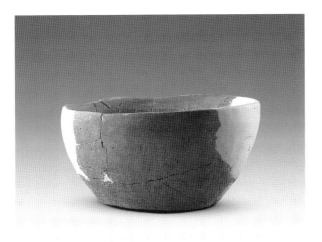

1. 素面钵（H819：1）

2. 素面钵（H825：2）

3. 素面钵（H831：2）

4. 素面钵（H836：5）

5. 素面钵（H844：2）

6. 素面钵（H854：3）

图版九三　庙底沟文化素面钵（H819、H825、H831、H836、H844、H854）

1. 素面钵（H854：8）

2. 素面钵（T17 ④：19）

3. 素面钵（T17 ④：26）

4. 素面钵（T17 ④：51）

5. 素面钵（T17 ⑥：33）

6. 素面钵（T17 ⑦：34）

图版九四　庙底沟文化素面钵（H854、T17 ④、T17 ⑥、T17 ⑦）

1. 素面钵（T17⑧：43）

2. 素面钵（T17⑨：44）

3. 素面钵（T21⑥：23）

4. 素面钵（T21⑥：24）

5. 素面钵（T21⑥：25）

6. 素面钵（T21⑥：26）

图版九五　庙底沟文化素面钵（T17⑧、T17⑨、T21⑥）

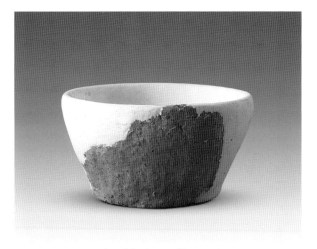

1. 素面钵（T21⑥：27）

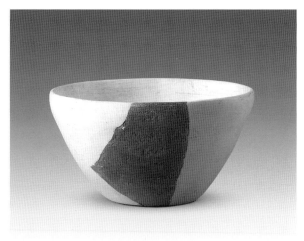

2. 素面钵（T21⑥：28）

3. 素面钵（T21⑥：29）

4. 素面钵（T21⑥：111）

5. 素面钵（T21⑨：39）

6. 素面钵（T21⑨：40）

图版九六　庙底沟文化素面钵（T21⑥、T21⑨）

1. 素面钵（T21 ⑨：41）

2. 素面钵（T21 ⑨：42）

3. 素面钵（T21 ⑨：43）

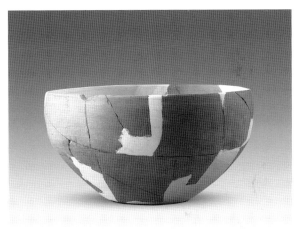

4. 素面钵（T21 ⑨：44）

5. 素面钵（T21 ⑨：45）

6. 素面钵（T21 ⑨：46）

图版九七　庙底沟文化素面钵（T21 ⑨）

1. 素面钵（T21 ⑨：47）

2. 素面钵（T21 ⑨：48）

3. 素面钵（T21 ⑨：49）

4. 素面钵（T21 ⑨：50）

5. 素面钵（T21 ⑨：51）

6. 素面钵（T21 ⑨：52）

图版九八　庙底沟文化素面钵（T21 ⑨）

1. 素面钵（T21 ⑨：53）

2. 素面钵（T21 ⑨：54）

3. 素面钵（T21 ⑨：55）

4. 素面钵（T21 ⑨：56）

5. 素面钵（T21 ⑨：60）

6. 素面钵（T21 ⑨：61）

图版九九　庙底沟文化素面钵（T21 ⑨）

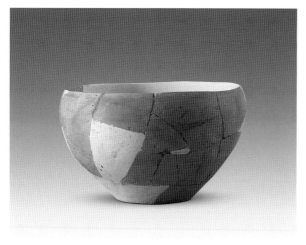

1. 素面钵（T21 ⑨：64）

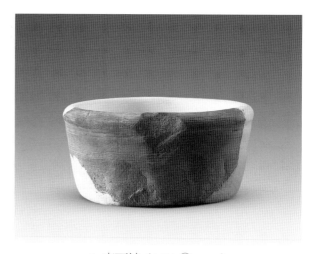

2. 素面钵（T21 ⑨：74）

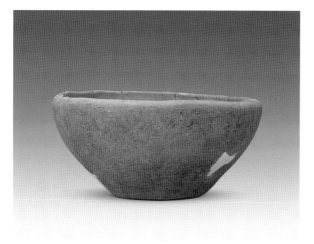

3. 素面钵（T35 ②：12）

4. 素面钵（T35 ②：13）

5. 素面钵（T35 ②：14）

6 素面钵（T35 ②：15）

图版一〇〇　庙底沟文化素面钵（T21 ⑨、T35 ②）

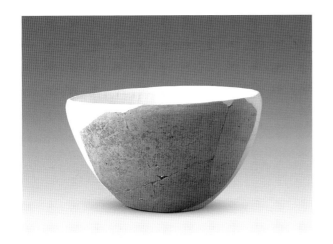

1. 素面钵（T41 ③：1）

2. 素面钵（T42 ②：1）

3. 素面钵（T62 ⑤：19）

4. 素面钵（T62 ⑤：22）

5. 素面钵（T66 ②：5）

6. 素面钵（T66 ②：7）

图版一〇一　庙底沟文化素面钵（T41 ③、T42 ②、T62 ⑤、T66 ②）

1. 素面钵（T72③：5）

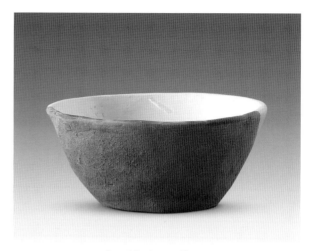

2. 素面钵（T72③：9）

3. 素面钵（T94⑧：7）

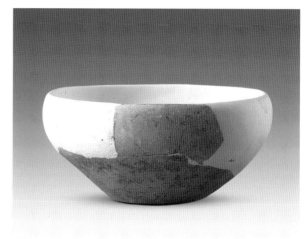

4. 素面钵（T94⑧：11）

5. 素面钵（T94⑧：13）

6. 素面钵（T94⑧：14）

图版一〇二　庙底沟文化素面钵（T72③、T94⑧）

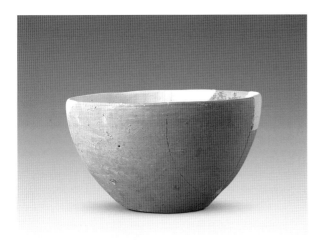

1. 素面钵（T94 ⑧：15）

2. 素面钵（T94 ⑧：16）

3. 素面钵（T94 ⑧：21）

4. 素面钵（T94 ⑧：24）

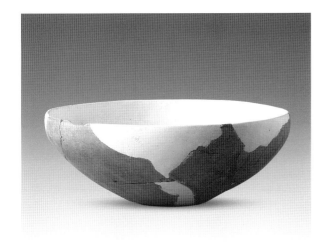

5. 素面钵（T94 ⑧：36）

6. 素面钵（T98 ②：1）

图版一○三　庙底沟文化素面钵（T94 ⑧、T98 ②）

1. 素面盆（G3∶5）

2. 素面盆（G3∶6）

3. 素面盆（H9∶58）

4. 素面盆（H9∶59）

5. 素面盆（H9∶61）

6. 素面盆（H9∶68）

图版一〇四　庙底沟文化素面盆（G3、H9）

1. 素面盆（H9：70）

2. 素面盆（H9：74）

3. 素面盆（H22：4）

4. 素面盆（H22：5）

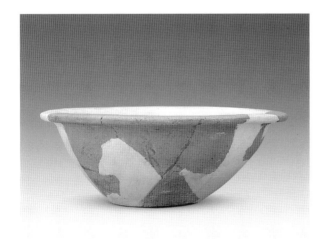

5. 素面盆（H29：46）

6. 素面盆（H29：51）

图版一○五　庙底沟文化素面盆（H9、H22、H29）

1. 素面盆（H29：57）　　　　　　　2. 素面盆（H29：59）

3. 素面盆（H29：71）　　　　　　　4. 素面盆（H39：15）

5. 素面盆（H43：8）　　　　　　　6. 素面盆（H51：36）

图版一〇六　庙底沟文化素面盆（H29、H39、H45、H51）

1. 素面盆（H51：28）

2. 素面盆（H51：33）

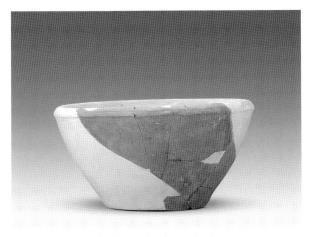

3. 素面盆（H51：37）

4. 素面盆（H51：42）

5. 素面盆（H54：2）

6. 素面盆（H54：5）

图版一〇七　庙底沟文化素面盆（H51、H54）

1. 素面盆（H67：2）

2. 素面盆（H67：3）

3. 素面盆（H68：1）

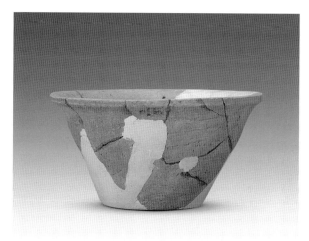

4. 素面盆（H70：5）

5. 素面盆（H72：22）

6. 素面盆（H94：1）

图版一〇八　庙底沟文化素面盆（H67、H68、H70、H72、H94）

1. 素面盆（H108：9）

2. 素面盆（H108：20）

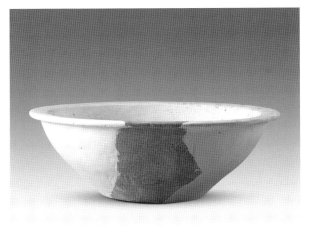

3. 素面盆（H108：21）

4. 素面盆（H108：26）

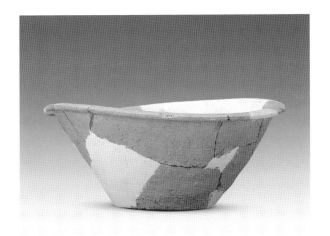

5. 素面盆（H111：2）

6. 素面盆（H111：7）

图版一〇九　庙底沟文化素面盆（H108、H111）

1. 素面盆（H122：6）

2. 素面盆（H122：7）

3. 素面盆（H122：11）

4. 素面盆（H122：12）

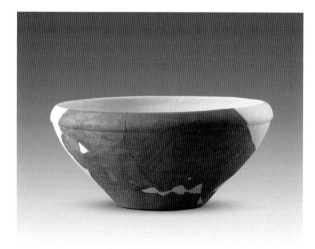

5. 素面盆（H122：15）

6. 素面盆（H122：26）

图版一一〇　庙底沟文化素面盆（H122）

1. 素面盆（H114：19）

2. 素面盆（H120：2）

3. 素面盆（H138：7）

4. 素面盆（H139：2）

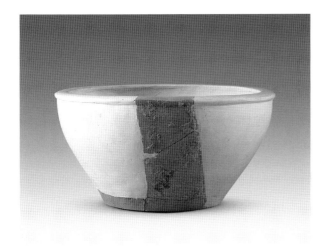

5. 素面盆（H143：2）

6. 素面盆（H146：1）

图版一一一　庙底沟文化素面盆（H114、H120、H138、H139、H143、H146）

1. 素面盆（H164：4）

2. 素面盆（H166：7）

3. 素面盆（H166：43）

4. 素面盆（H166：44）

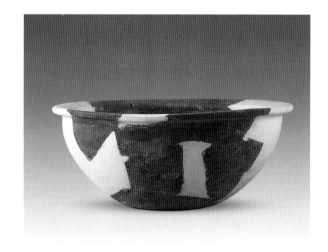

5. 素面盆（H188：3）

6. 素面盆（H204：3）

图版一一二　庙底沟文化素面盆（H164、H166、H188、H204）

1. 素面盆（H208：3）

2. 素面盆（H208：5）

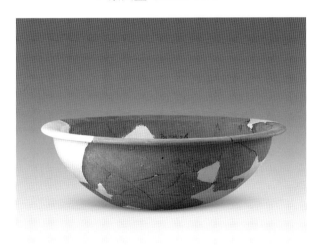

3. 素面盆（H208：6）

4. 素面盆（H208：7）

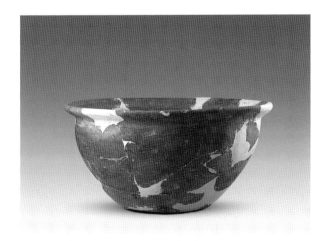

5. 素面盆（H208：8）

6. 素面盆（H208：10）

图版一一三　庙底沟文化素面盆（H208）

1. 素面盆（H204：4）　　　　　　　　2. 素面盆（H209：2）

3. 素面盆（H215：4）　　　　　　　　4. 素面盆（H216：3）

5. 素面盆（H216：5）　　　　　　　　6. 素面盆（H220：17）

图版一一四　庙底沟文化素面盆（H204、H209、H215、H216、H220）

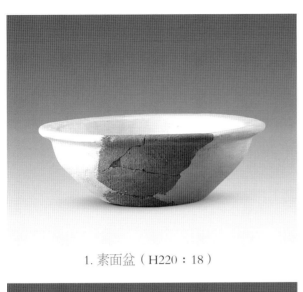

1. 素面盆（H220：18）

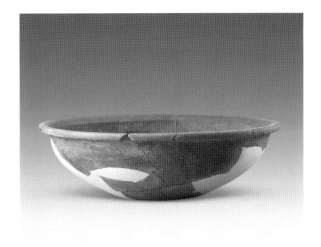

2. 素面盆（H220：31）

3. 素面盆（H220：45）

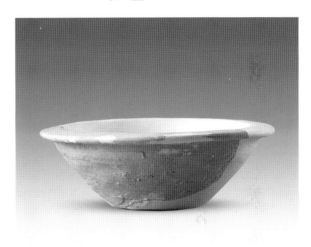

4. 素面盆（H220：46）

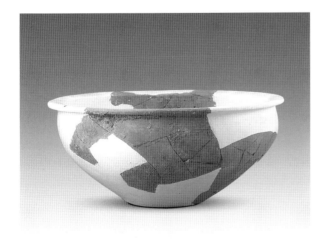

5. 素面盆（H226：1）

6. 素面盆（H229：12）

图版一一五　庙底沟文化素面盆（H220、H226、H229）

1. 素面盆（H240：4）

2. 素面盆（H252：2）

3. 素面盆（H255：6）

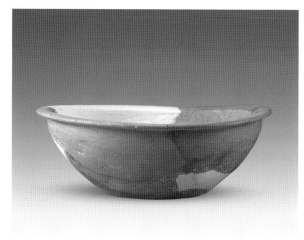

4. 素面盆（H384：1）

5. 素面盆（H263：10）

6. 弦纹盆（H270：3）

图版一一六　庙底沟文化素面盆、弦纹盆（H240、H252、H255、H384、H263、H270）

1. 素面盆（H278：18）

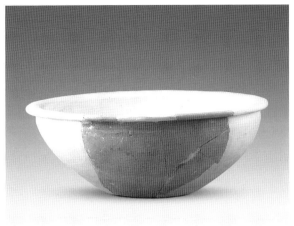

2. 素面盆（H294：3）

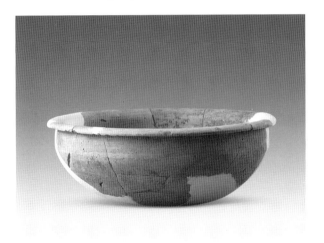

3. 素面盆（H302：7）

4. 素面盆（H314：2）

5. 线纹盆（H323：1）

6. 素面盆（H325：9）

图版一一七　庙底沟文化素面盆、线纹盆（H278、H294、H302、H314、H323、H325）

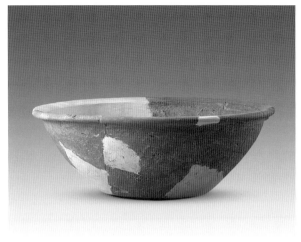

1. 素面盆（H326：1）

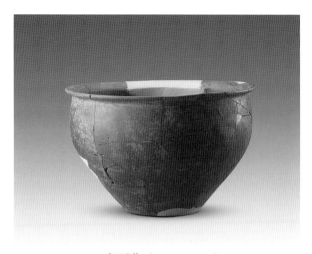

2. 素面盆（H335：40）

3. 素面盆（H339：2）

4. 素面盆（H339：3）

5. 素面盆（H339：4）

6. 素面钵（H340：1）

图版一一八　庙底沟文化素面盆（H326、H335、H339、H340）

1. 素面盆（H342：5）

2. 素面盆（H342：6）

3 素面盆（H344：1）

4. 素面盆（H348：8）

5. 素面盆（H348：10）

6. 素面盆（H359：4）

图版一一九　庙底沟文化素面盆（H342、H344、H348、H359）

1. 素面盆（H359：5）

2. 素面盆（H359：6）

3. 素面盆（H366：2）

4. 素面盆（H366：3）

5. 素面盆（H366：4）

6. 素面盆（H366：9）

图版一二〇　庙底沟文化素面盆（H359、H366）

1. 素面盆（H371：5）

2. 素面盆（H393：3）

3. 素面盆（H394：2）

4. 素面盆（H406：13）

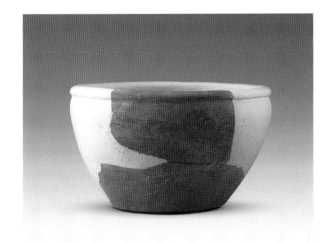

5. 素面盆（H406：4）

6. 素面盆（H407：3）

图版一二一　庙底沟文化素面盆（H371、H393、H394、H406、H407）

1. 素面盆（H408：51）

2. 素面盆（H408：59）

3. 素面盆（H412：9）

4. 彩陶盆（H419：1）

5. 素面盆（H432：47）

6. 素面盆（H432：50）

图版一二二　庙底沟文化素面盆（H408、H412、H419、H432）

1. 素面盆（H432：52）

2. 素面盆（H432：53）

3. 素面盆（H432：58）

4. 素面盆（H452：4）

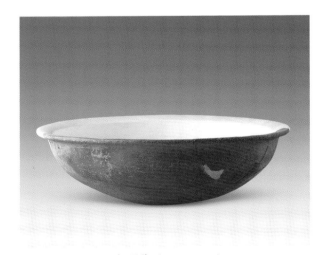

5. 素面盆（H465：1）

6. 素面盆（H471：13）

图版一二三　庙底沟文化素面盆（H432、H452、H465、H471）

1. 素面盆（H474：1）　　　　　　　2. 素面盆（H480：6）

3. 素面盆（H480：7）　　　　　　　4. 素面盆（H480：8）

5. 素面盆（H501：12）　　　　　　　6. 素面盆（H512：2）

图版一二四　庙底沟文化素面盆（H474、H480、H501、H512）

1. 素面盆（H477：41）

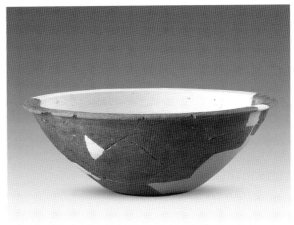

2. 素面盆（H477：70）

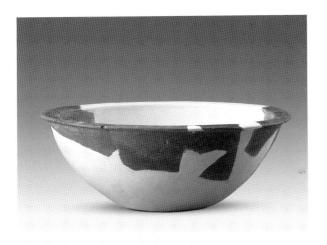

3. 素面盆（H477：71）

4. 素面盆（H477：79）

5. 素面盆（H477：82）

6. 素面盆（H477：110）

图版一二五　庙底沟文化素面盆（H477）

1. 素面盆（H551：2）　　　　　　　2. 素面盆（H606：1）

3. 素面盆（H619：43）　　　　　　4. 素面盆（H635：6）

5. 素面盆（H709：1）　　　　　　　6. 素面盆（H775：1）

图版一二六　庙底沟文化素面盆（H551、H606、H619、H635、H709、H775）

1. 素面盆（H770∶85）

2. 素面盆（H770∶86）

3. 素面盆（H770∶98）

4. 素面盆（H770∶102）

5. 素面盆（H770∶104）

6. 素面盆（H770∶114）

图版一二七　庙底沟文化素面盆（H770）

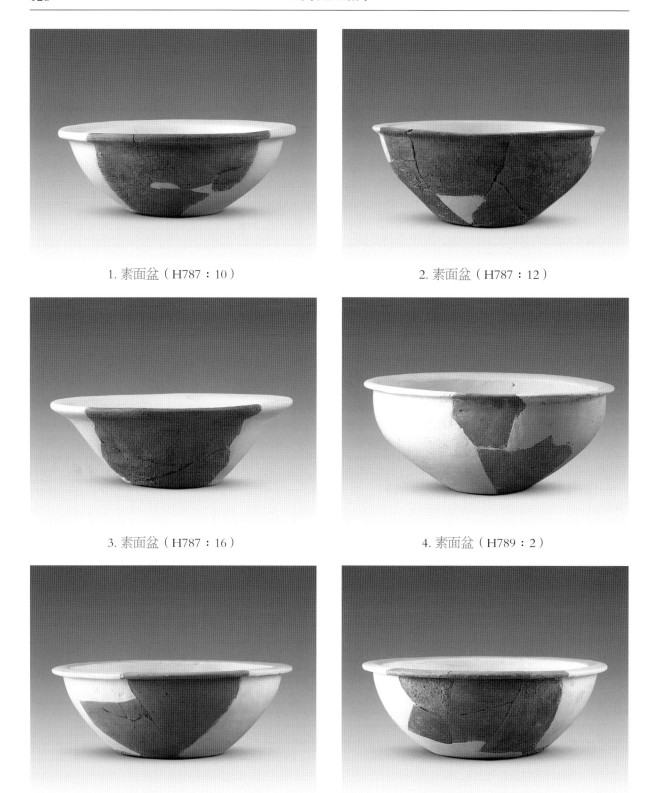

1. 素面盆（H787：10）

2. 素面盆（H787：12）

3. 素面盆（H787：16）

4. 素面盆（H789：2）

5. 素面盆（H793：1）

6. 素面盆（H793：2）

图版一二八　庙底沟文化素面盆（H787、H789、H793）

1. 素面盆（H812∶8）

2. 素面盆（H812∶10）

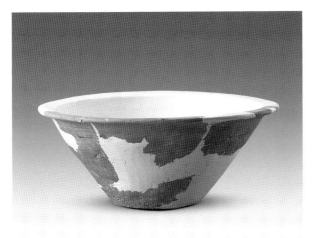

3. 素面盆（H812∶11）

4. 素面盆（H831∶3）

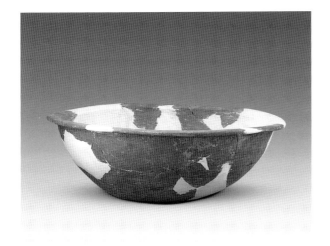

5. 素面盆（H831∶5）

6. 素面盆（H844∶3）

图版一二九　庙底沟文化素面盆（H812、H831、H844）

1. 素面盆（H845：1）　　　　　　　　　　2. 素面盆（H854：9）

3. 素面盆（H876：1）　　　　　　　　　　4. 素面盆（T17④：25）

5. 素面盆（T17④：27）　　　　　　　　　6. 素面盆（T17⑤：52）

图版一三〇　庙底沟文化素面盆（H845、H854、H876、T17④、T17⑤）

1. 素面盆（T66②：4）

2. 素面盆（T17⑧：40）

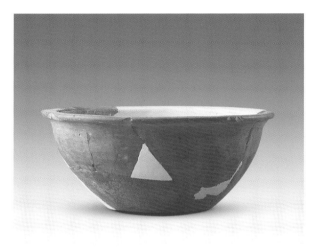

3. 素面盆（T17⑧：41）

4. 素面盆（T17⑧：50）

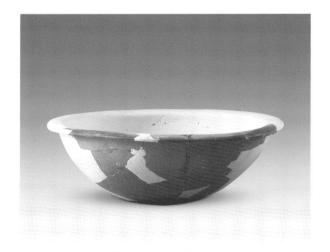

5. 素面盆（T17⑧：55）

6. 素面盆（T21②：17）

图版一三一　庙底沟文化素面盆（T66②、T17⑧、T21②）

1. 素面盆（T21 ⑥ : 22）

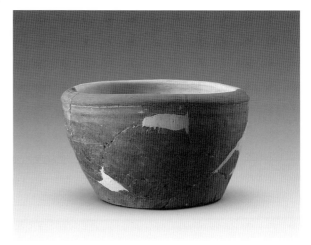

2. 素面盆（T21 ⑦ : 92）

3. 素面盆（T21 ⑨ : 73）

4. 素面盆（T21 ⑨ : 38）

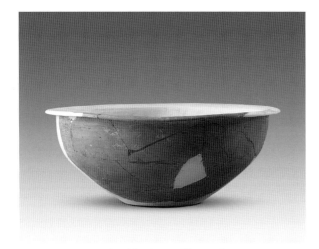

5. 素面盆（T21 ⑨ : 58）

6. 素面盆（T21 ⑨ : 59）

图版一三二　　庙底沟文化素面盆（T21 ⑥、T21 ⑦、T21 ⑨）

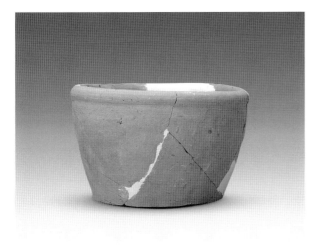

1. 素面盆（T21 ⑨：62）

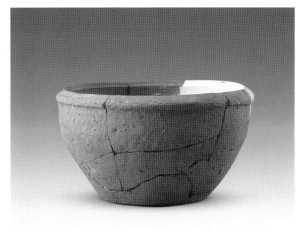

2. 素面盆（T21 ⑨：63）

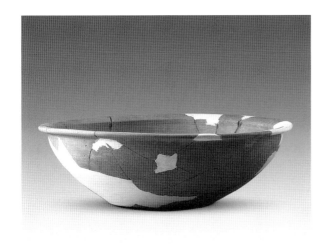

3. 素面盆（T21 ⑨：69）

4. 素面盆（T21 ⑨：72）

5. 素面盆（T21 ⑨：75）

6. 素面盆（T21 ⑨：76）

图版一三三　庙底沟文化素面盆（T21 ⑨）

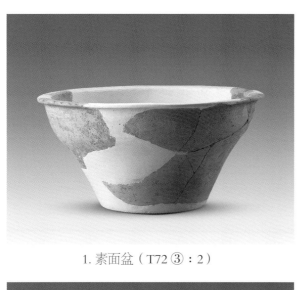

1. 素面盆（T72③：2）

2. 素面盆（T72③：6）

3. 素面盆（T72③：7）

4. 素面盆（T94⑧：26）

5. 素面盆（T94⑧：35）

6. 素面盆（T94⑧：17）

图版一三四　庙底沟文化素面盆（T72③、T94⑧）

1. 素面双鋬钵（H9：64）

2. 素面双鋬钵（H9：55）

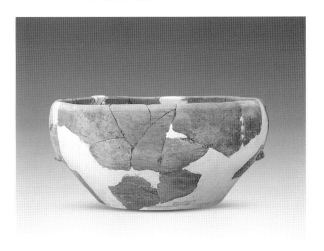

3. 素面双鋬钵（H9：67）

4. 素面双鋬钵（H9：73）

5. 素面双鋬钵（H20：6）

6. 素面双鋬钵（H164：11）

图版一三五　庙底沟文化素面双鋬钵（H9、H20、H164）

1. 素面双鋬钵（H166：53）

2. 素面双鋬钵（H220：39）

3. 素面双鋬钵（H229：10）

4. 素面双鋬钵（H297：1）

5. 素面双鋬钵（H297：10）

6. 素面双鋬钵（H328：8）

图版一三六　庙底沟文化素面双鋬钵（H166、H220、H229、H297、H328）

1. 素面双錾钵（H348：11）

2. 篮纹双錾钵（H358：5）

3. 素面双錾钵（H432：46）

4. 素面双錾钵（H477：109）

5. 素面双錾钵（H477：72）

6. 素面双錾钵（H477：73）

图版一三七　庙底沟文化素面双錾钵、篮纹双錾钵（H348、H358、H432、H477）

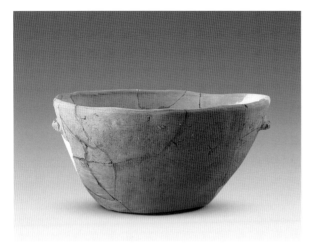

1. 素面双鋬钵（H477：76）

2. 素面双鋬钵（H619：47）

3. 素面双鋬钵（H619：48）

4. 素面双鋬钵（H619：53）

5. 素面双鋬钵（H766：22）

6. 素面双鋬钵（H770：97）

图版一三八　庙底沟文化素面双鋬钵（H477、H619、H766、H770）

1. 素面双錾盆（H9：42）

2. 素面双錾盆（H9：57）

3. 素面双錾盆（H9：60）

4. 素面双錾盆（H9：62）

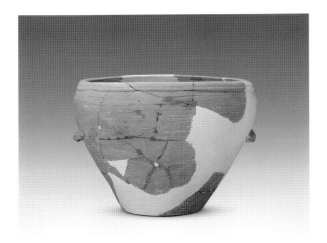

5. 素面双錾盆（H9：63）

6. 素面四錾盆（H9：72）

图版一三九　庙底沟文化素面双錾盆（H9）

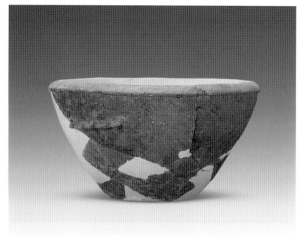

1. 素面双鋬盆（H9：78）

2. 素面双鋬盆（H29：33）

3. 素面双鋬盆（H29：34）

4. 素面双鋬盆（H29：38）

5. 素面双鋬盆（H29：41）

6. 素面双鋬盆（H29：58）

图版一四〇　庙底沟文化素面双鋬盆（H9、H29）

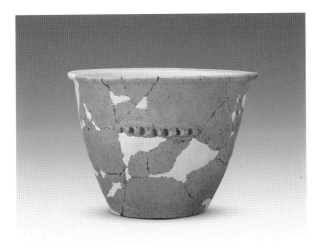

1. 素面双錾盆（H37：3）

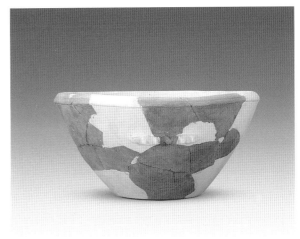

2. 素面双錾盆（H51：38）

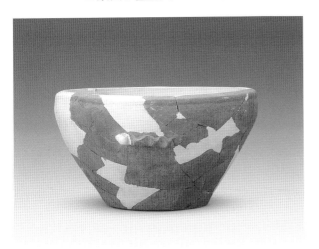

3. 素面双錾盆（H51：41）

4. 素面双錾盆（H57：4）

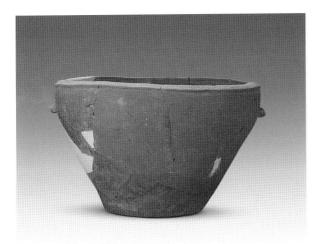

5. 素面双錾盆（H72：1）

6. 双錾罐（H84：33）

图版一四一　庙底沟文化素面双錾盆、罐（H37、H51、H57、H72、H84）

1. 素面双錾盆（H108：25）

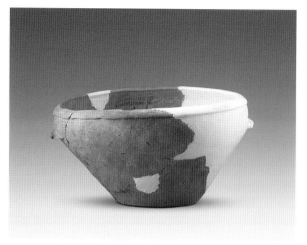

2. 素面双錾钵（H114：8）

3. 素面双錾盆（H116：21）

4. 素面双錾盆（H116：52）

5. 素面双錾钵（H122：18）

6. 双錾甑（H127：4）

图版一四二　庙底沟文化素面双錾盆、甑（H108、H114、H116、H122、H127）

1. 素面双鋬盆（H166：9）

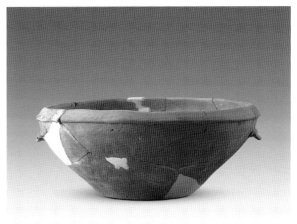

2. 素面双鋬盆（H166：40）

3. 素面双鋬盆（H166：41）

4. 素面双鋬盆（H166：49）

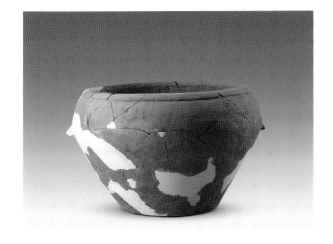

5. 素面双鋬盆（H220：25）

6. 素面双鋬盆（H229：9）

图版一四三　庙底沟文化素面双鋬盆（H166、H220、H229）

1. 素面双錾盆（H278：39）

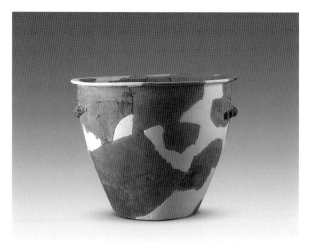

2. 素面双錾盆（H286：9）

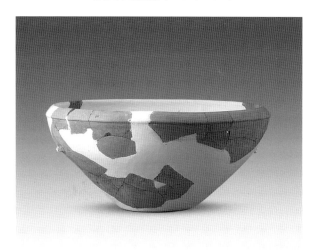

3. 素面双錾盆（H295：3）

4. 素面双錾盆（H300：9）

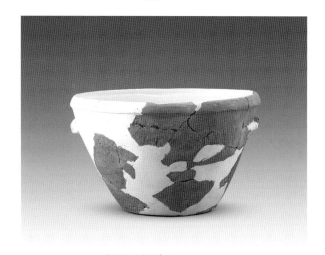

5. 素面双錾盆（H307：3）

6. 素面双錾盆（H335：31）

图版一四四　庙底沟文化素面双錾盆（H278、H286、H295、H300、H307、H335）

1. 素面双鋬盆（H348：13）

2. 素面双鋬盆（H348：14）

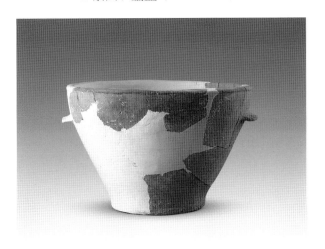

3. 素面双鋬盆（H348：18）

4. 素面双鋬盆（H358：4）

5. 素面双鋬盆（H402：1）

6. 素面双鋬盆（H408：16）

图版一四五　庙底沟文化素面双鋬盆（H348、H358、H402、H408）

1. 素面双錾盆（H408：17）

2. 素面双錾盆（H408：49）

3. 素面双錾盆（H432：72）

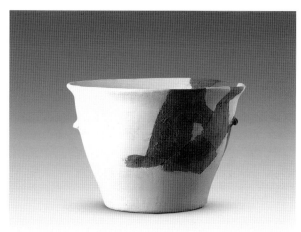

4. 素面双錾盆（H442：28）

5. 素面双錾盆（H452：3）

6. 素面双錾盆（H452：11）

图版一四六　庙底沟文化素面双錾盆（H408、H432、H442、H452）

1. 素面双鋬盆（H432：51）

2. 素面双鋬盆（H432：55）

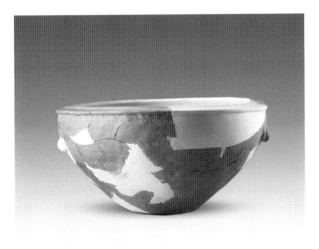

3. 素面双鋬盆（H432：57）

4. 素面双鋬盆（H432：59）

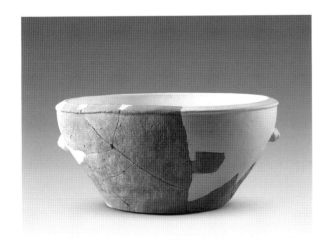

5. 素面双鋬盆（H432：35）

6. 素面双鋬钵（H432：48）

图版一四七　庙底沟文化素面双鋬盆、钵（H432）

1. 素面双錾盆（H477：80）

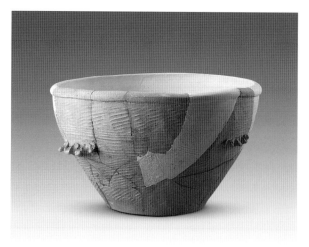

2. 三錾盆（H477：115）

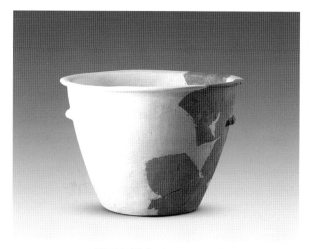

3. 素面双錾盆（H501：8）

4. 素面双錾盆（H501：9）

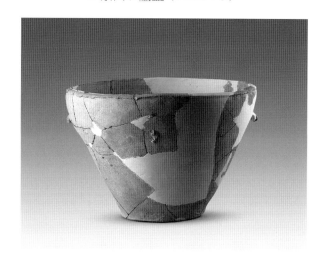

5. 素面双錾盆（H582：1）

6. 素面双錾盆（H619：54）

图版一四八　庙底沟文化素面双錾盆、三錾盆（H477、H501、H582、H619）

1. 素面双錾盆（H770：100）

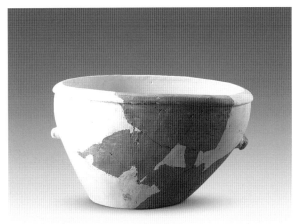

2. 素面双錾盆（H789：1）

3. 素面双錾盆（T17 ⑦：35）

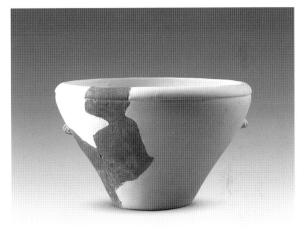

4. 素面双錾盆（T17 ⑧：42）

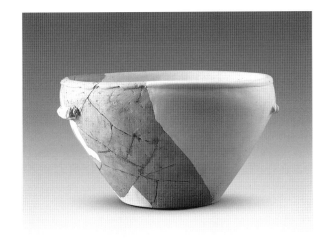

5. 素面双錾盆（T17 ⑨：48）

6. 素面双錾盆（T21 ④：21）

图版一四九　庙底沟文化素面双錾盆（H770、H789、T17 ⑦、T17 ⑧、T17 ⑨、T21 ④）

1. 素面双錾盆（T21 ⑨：57）

2. 素面双錾钵（T21 ⑨：65）

3. 素面双錾盆（T21 ⑨：70）

4. 素面双錾盆（T21 ⑨：71）

5. 素面双錾钵（T62 ⑤：20）

6. 素面双錾盆（H220：48）

图版一五〇　庙底沟文化素面双錾盆、钵（T21 ⑨、T62 ⑤、H220）

1. 甑（H51：39）

2. 甑（H72：19）

3. 甑（H122：8）

4. 甑（H122：21）

5. 甑（H216：4）

6. 甑（H278：33）

图版一五一　庙底沟文化陶甑（H51、H72、H122、H216、H278）

1. 甑（H342：12）　　　　　　　　　　2. 甑（H430：1）

3. 甑（H788：2）　　　　　　　　　　4. 甑（H793：3）

5. 甑（T21 ⑦：30）　　　　　　　　　6. 甑（G3：9）

图版一五二　庙底沟文化陶甑（H342、H430、H788、H793、T21 ⑦、G3）

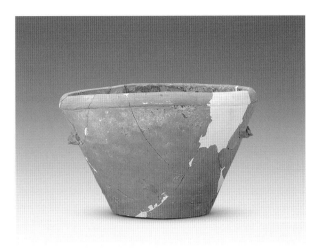

1. 双錾甑（H9：56）

2. 双錾甑（H29：40）

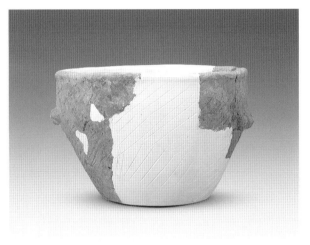

3. 双錾甑（H39：18）

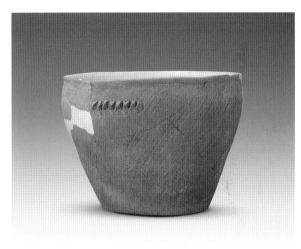

4. 双錾甑（H72：16）

5. 双錾甑（H164：27）

6. 双錾甑（H166：4）

图版一五三　庙底沟文化双錾甑（H9、H29、H39、H72、H164、H166）

1. 双錾甗（H116：20）

2. 双錾甗（H220：32）

3. 双錾甗（H220：36）

4. 双錾甗（H114：37）

5. 双錾甗（H278 ： 20）

6. 双錾甗（H300：7）

图版一五四　庙底沟文化双錾甗（H116、H220、H114、H278、H300）

1. 双鋬瓿（H408：18）

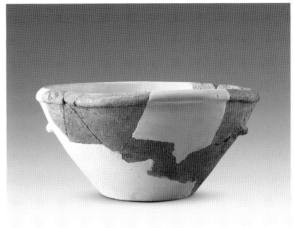

2. 双鋬瓿（H432：56）

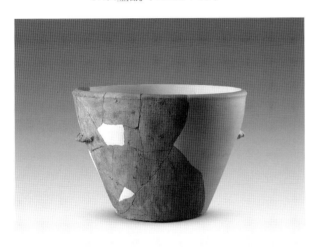

3. 双鋬瓿（H432：71）

4. 双鋬瓿（H432：76）

5. 双鋬瓿（H501：11）

6. 双鋬瓿（H812：6）

图版一五五　庙底沟文化双鋬瓿（H408、H432、H501、H812）

1. 双鋬甑（T21 ⑨：66）

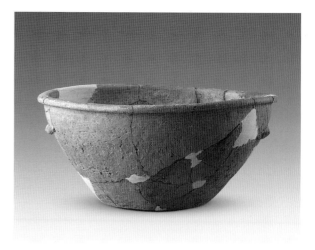

2. 双鋬甑（T94 ⑧：9）

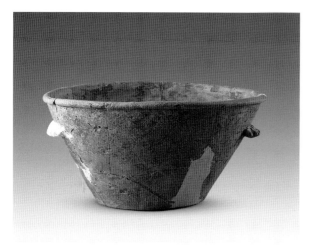

3. 双鋬甑（T94 ⑧：32）

4. 盂（H9：69）

5. 漏斗（H20：5）

6. 漏斗（H170：8）

图版一五六　庙底沟文化陶器（T21 ⑨、T94 ⑧、H9、H20、H170）

1. 椭圆形盆（H9：33）

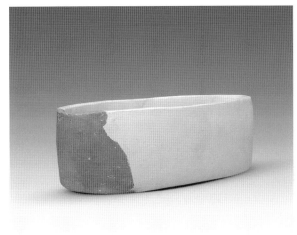

2. 椭圆形盆（H9：34）

3. 椭圆形盆（H9：36）

4. 椭圆形盆（H51：32）

5. 椭圆形器（H51：35）

6. 盂（H328：7）

图版一五七　庙底沟文化陶器（H9、H51、H328）

1. 瓮（H165：1）　　　　　　　　2. 瓮（H339：11）

3. 瓮（H339：12）　　　　　　　4. 瓮（H432：97）

5. 瓮（T17⑧：56）　　　　　　　6. 瓮（T17⑨：74）

图版一五八　庙底沟文化陶瓮（H165、H339、H432、T17⑧、T17⑨）

1. 瓮（H29：48）

2. 瓮（H114：24）

3. 瓮（H116：36）

4. 瓮（H152：1）

5. 瓮（H220：24）

6. 瓮（H255：5）

图版一五九　庙底沟文化陶瓮（H29、H114、H116、H152、H220、H255）

1. 瓮（H286：15）

2. 瓮（H286：16）

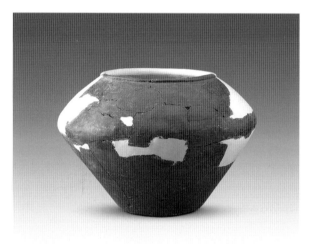

3. 瓮（H300：11）

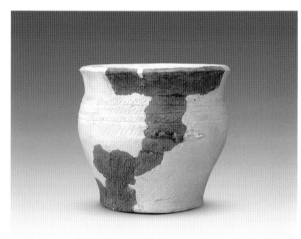

4. 双錾罐（H51：27）

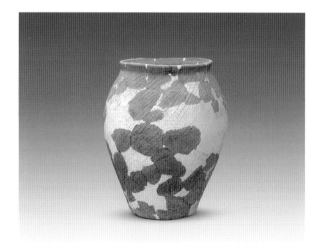

5. 鼓腹罐（H9：79）

6. 鼓腹罐（H9：89）

图版一六〇　庙底沟文化陶器（H286、H300、H9、H51）

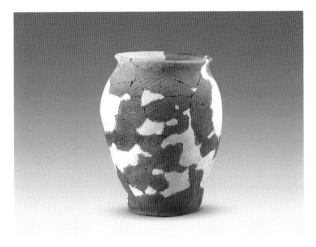

1. 鼓腹罐（H51：44）

2. 鼓腹罐（H51：50）

3. 鼓腹罐（H84：17）

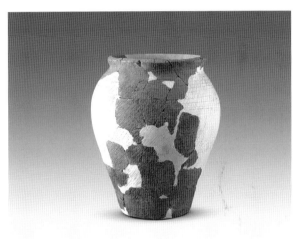

4. 鼓腹罐（H97：5）

5. 鼓腹罐（H166：62）

6. 鼓腹罐（H208：20）

图版一六一　庙底沟文化鼓腹罐（H51、H84、H97、H166、H208）

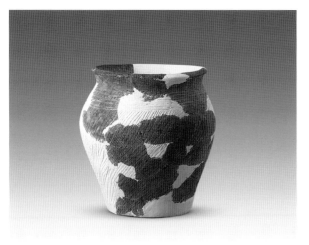

1. 鼓腹罐（H210：8）

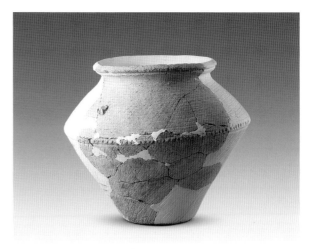

2. 折腹罐（H240：6）

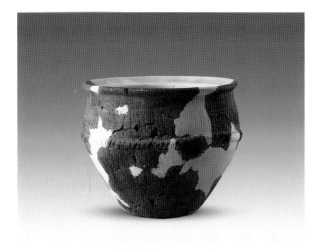

3. 鼓腹罐（H241：2）

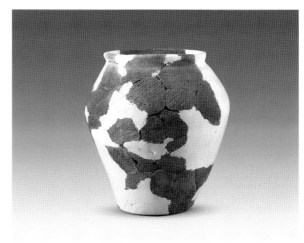

4. 鼓腹罐（H286：11）

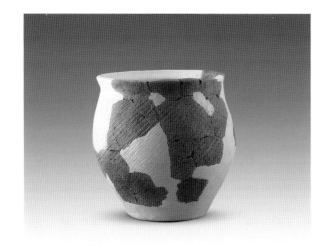

5. 鼓腹罐（H300：27）

6. 鼓腹罐（H302：8）

图版一六二　庙底沟文化陶罐（H210、H240、H241、H286、H300、H302）

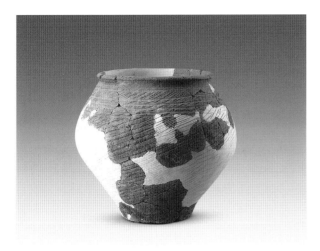

1. 鼓腹罐（H302：10）

2. 鼓腹罐（H319：1）

3. 鼓腹罐（H323：8）

4. 鼓腹罐（H354：7）

5. 鼓腹罐（H358：3）

6. 鼓腹罐（H407：5）

图版一六三　庙底沟文化鼓腹罐（H302、H319、H323、H354、H358、H407）

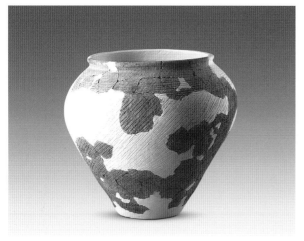

1. 鼓腹罐（H407：6）

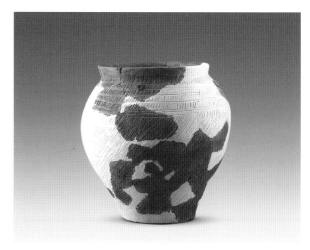

2. 鼓腹罐（H408：48）

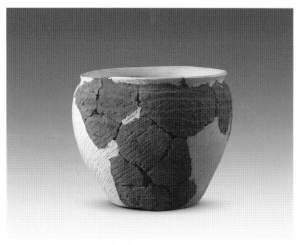

3. 鼓腹罐（H432：86）

4. 鼓腹罐（H422：1）

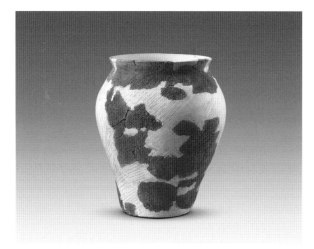

5. 鼓腹罐（H432：99）

6. 鼓腹罐（H432：96）

图版一六四　庙底沟文化鼓腹罐（H407、H408、H422、H432）

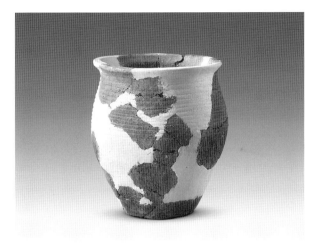

1. 深腹罐（H442：27）

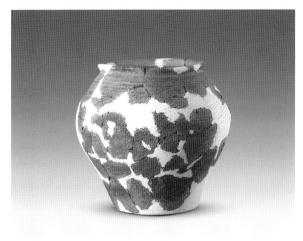

2. 鼓腹罐（H465：9）

3. 鼓腹罐（H477：85）

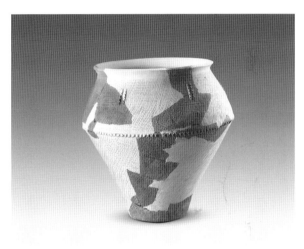

4. 鼓腹罐（H477：84）

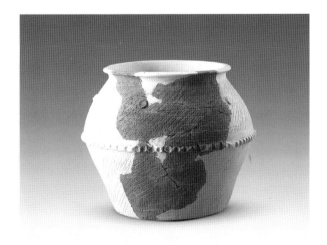

5. 鼓腹罐（H477：88）

6. 鼓腹罐（H501：15）

图版一六五　庙底沟文化陶罐（H442、H465、H477、H501）

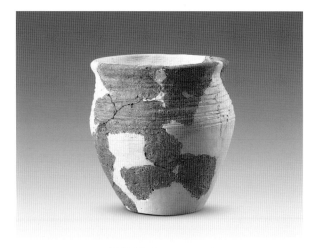

1. 鼓腹罐（H520：1）

2. 鼓腹罐（H619：46）

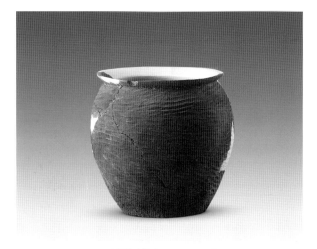

3. 鼓腹罐（H765：1）

4. 鼓腹罐（H766：19）

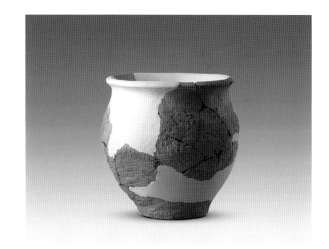

5. 鼓腹罐（H770：87）

6. 鼓腹罐（H770：111）

图版一六六　庙底沟文化鼓腹罐（H520、H619、H765、H766、H770）

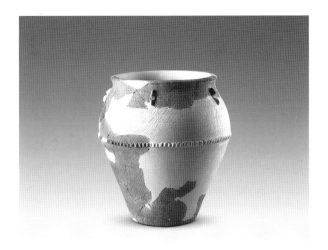

1. 鼓腹罐（H770：112）

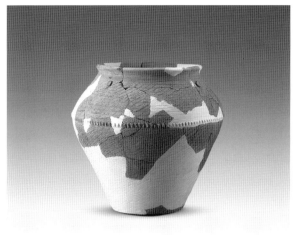

2. 鼓腹罐（H854：10）

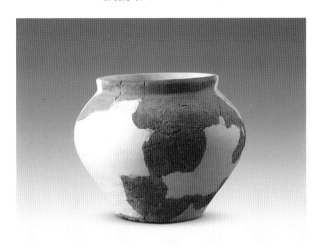

3. 鼓腹罐（T21⑧：31）

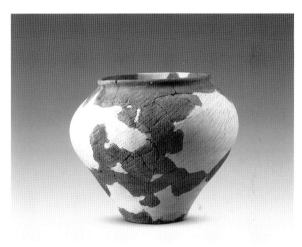

4. 鼓腹罐（T21⑧：98）

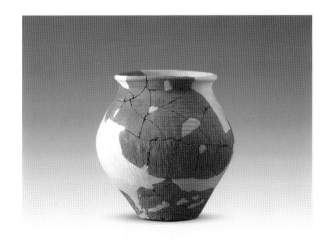

5. 鼓腹罐（T21⑨：110）

6. 鼓腹罐（T94⑧：30）

图版一六七　庙底沟文化鼓腹罐（H770、H854、T21⑧、T21⑨、T94⑧）

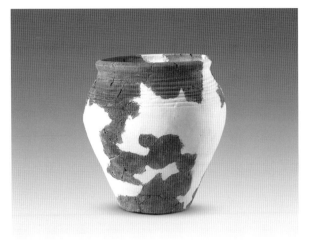

1. 鼓腹罐（T94⑧：31）

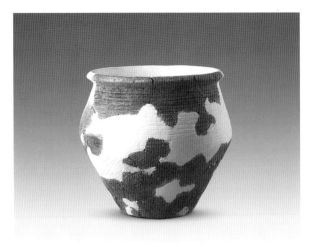

2. 鼓腹罐（T94⑧：34）

3. 鼓腹罐（H271：1）

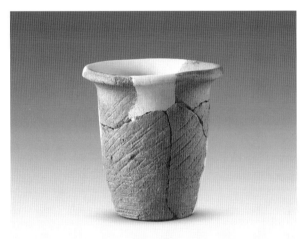

4. 直腹罐（H442：31）

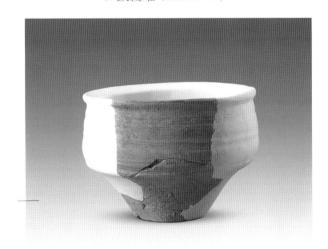

5. 折腹罐（H477：75）

6. 直腹罐（H831：14）

图版一六八　庙底沟文化陶罐（T94⑧、H271、H442、H477、H831）

1. 深腹罐（F5：3）

2. 深腹罐（H29：35）

3. 深腹罐（H24：4）

4. 深腹罐（H33：4）

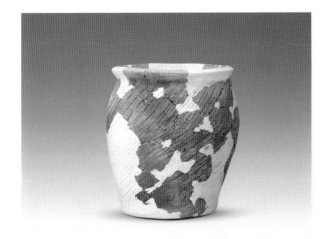

5. 深腹罐（H72：24）

6. 深腹罐（H164：30）

图版一六九　庙底沟文化深腹罐（F5、H29、H24、H33、H72、H164）

1. 深腹罐（H206：2）

2. 深腹罐（H272：1）

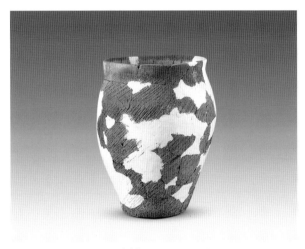

3. 深腹罐（H286：8）

4. 深腹罐（H300：26）

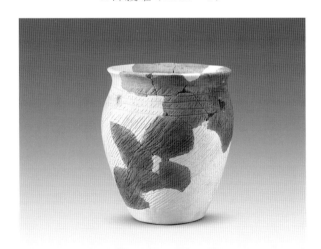

5. 深腹罐（H328：19）

6. 深腹罐（H408：25）

图版一七○　庙底沟文化深腹罐（H206、H272、H286、H300、H328、H408）

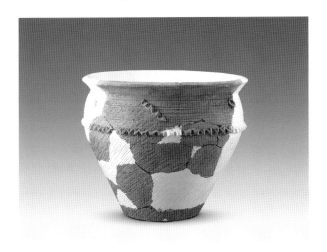

1. 深腹罐（H408：26）

2. 深腹罐（H432：87）

3. 深腹罐（H583：1）

4. 深腹罐（H770：91）

5. 深腹罐（H770：93）

6. 深腹罐（T21 ⑨：37）

图版二七一　庙底沟文化深腹罐（H408、H432、H583、H770、T21 ⑨）

1. 釜（H164：28）

2. 釜（H220：5）

3. 釜（H255：4）

4. 釜（H277：5）

5. 釜（H339：10）

6. 釜（H373：1）

图版一七二　庙底沟文化陶釜（H164、H220、H255、H277、H339、H373）

1. 釜（H328：15）

2. 釜（H373：6）

3. 釜（H599：2）

4. 釜（T21⑧：34）

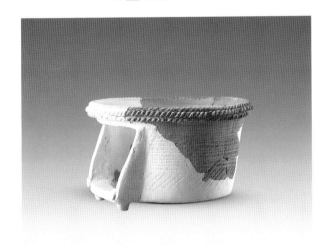

5. 灶（H122：5）

6. 灶（T21⑧：36）

图版一七三　庙底沟文化陶釜、灶（H328、H373、H599、T21⑧、H122、T21⑧）

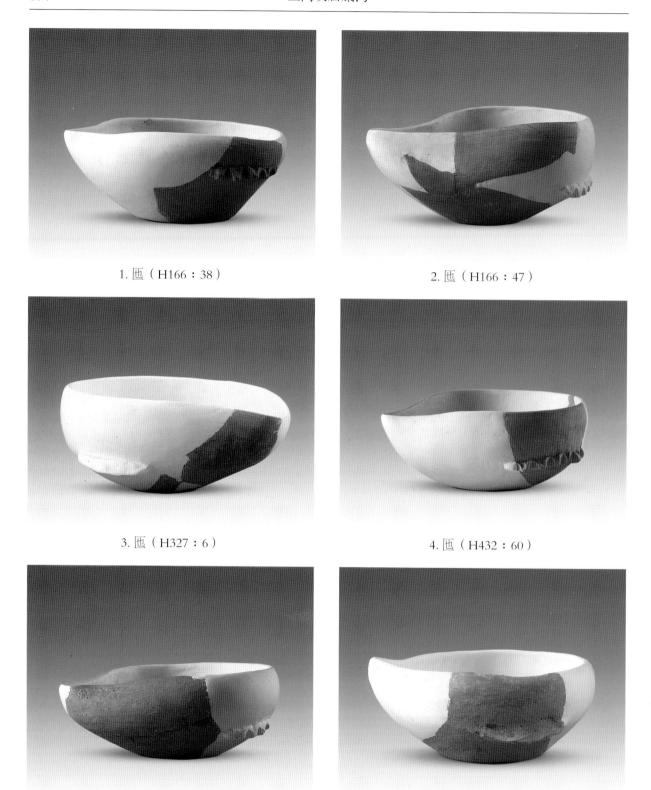

1. 匜（H166：38）

2. 匜（H166：47）

3. 匜（H327：6）

4. 匜（H432：60）

5. 匜（H432：66）

6. 匜（H788：1）

图版一七四　庙底沟文化陶匜（H166、H327、H432、H788）

1. 盘（H166：50）

2. 盘（H166：51）

3. 盘（H208：13）

4. 盘（H300：10）

5. 盘（H452：7）

6. 盘（H501：14）

图版一七五　庙底沟文化陶盘（H166、H208、H300、H452、H501）

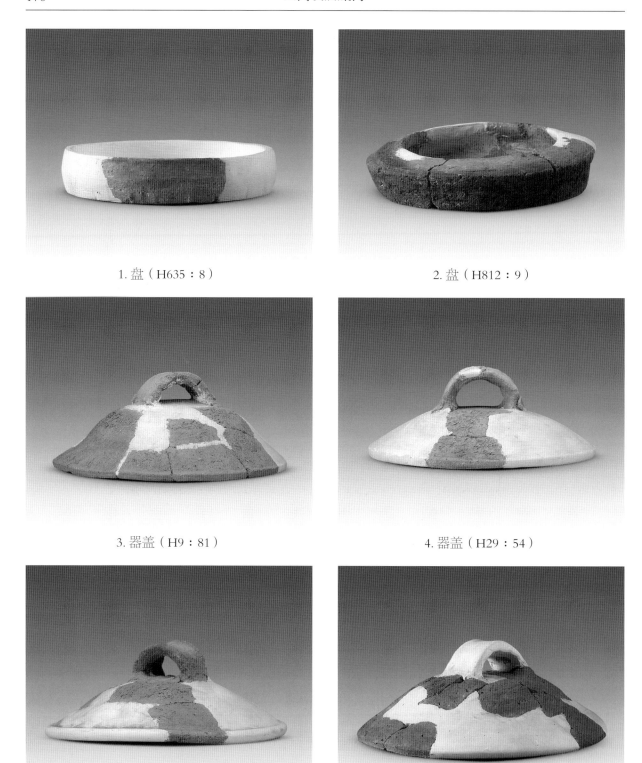

1. 盘（H635：8）　　　　　　　　　　2. 盘（H812：9）

3. 器盖（H9：81）　　　　　　　　　　4. 器盖（H29：54）

5. 器盖（H43：6）　　　　　　　　　　6. 器盖（H51：19）

图版一七六　庙底沟文化陶盘、器盖（H635、H812、H9、H29、H43、H51）

1. 器盖（H67∶1）

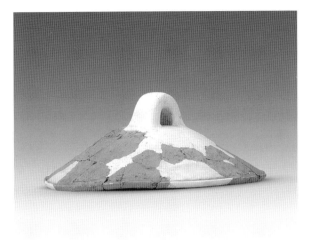

2. 器盖（H72∶28）

3. 器盖（H72∶29）

4. 器盖（H102∶3）

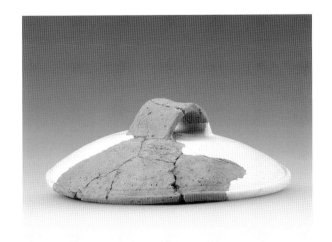

5. 器盖（H114∶23）

6. 器盖（H208∶12）

图版一七七　庙底沟文化器盖（H67、H72、H102、H114、H208）

1. 器盖（H303：1）

2. 器盖（H327：3）

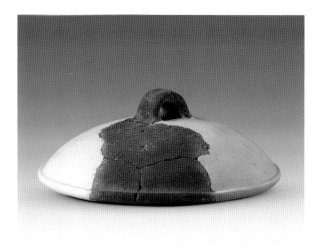

3. 器盖（H333：1）

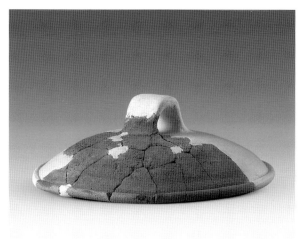

4. 器盖（H342：3）

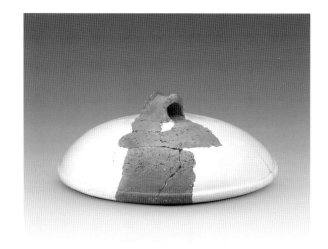

5. 器盖（H382：2）

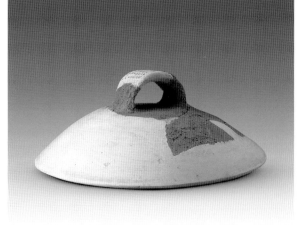

6. 器盖（H432：95）

图版一七八　庙底沟文化器盖（H303、H327、H333、H342、H382、H432）

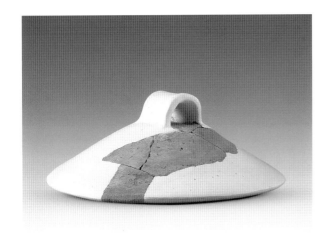

1. 器盖（H787：17）

2. 器盖（T17⑧：49）

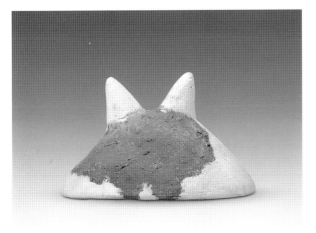

3. 器盖（H29：69）

4. 器盖（H51：29）

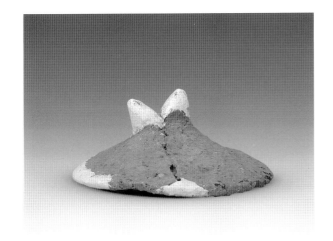

5. 器盖（H51：30）

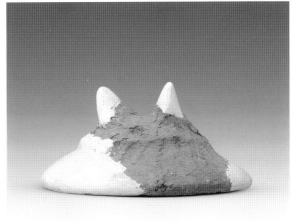

6. 器盖（H51：31）

图版一七九　庙底沟文化器盖（H787、T17⑧、H29、H51）

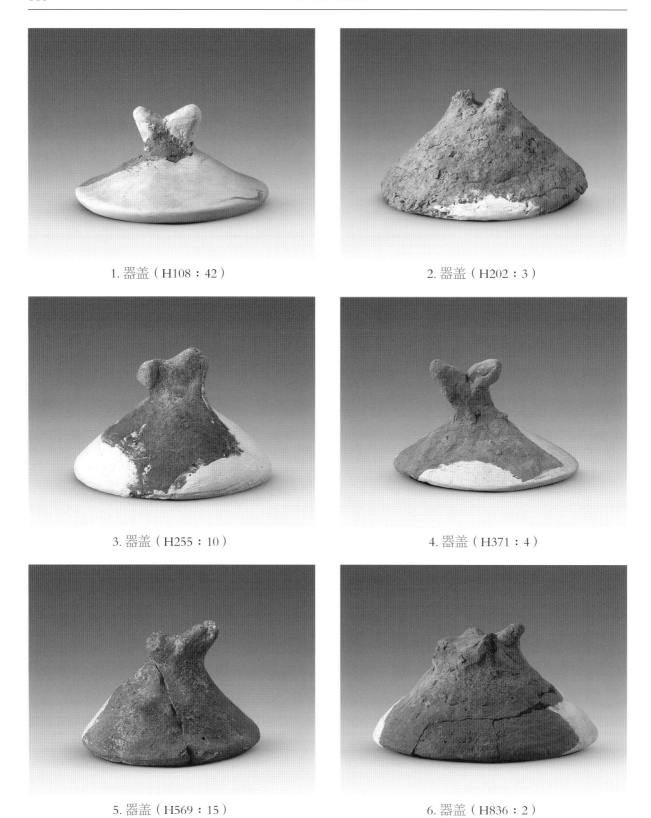

1. 器盖（H108：42）　　　　　2. 器盖（H202：3）

3. 器盖（H255：10）　　　　　4. 器盖（H371：4）

5. 器盖（H569：15）　　　　　6. 器盖（H836：2）

图版一八〇　庙底沟文化器盖（H108、H202、H255、H371、H569、H836）

1. 器盖（H72：23）

2. 器盖（H72：18）

3. 器盖（T21②：18）

4. 器盖（T41③：5）

5. 器盖（T144①：2）

6. 器盖（H408：68）

图版一八一　庙底沟文化器盖（H72、T21②、T41③、T144①、H408）

1. 器盖（H20：3）　　　　　　　　　　2. 器盖（H116：57）

3. 器盖（H166：61）　　　　　　　　　　4. 器盖（H256：1）

5. 器盖（H256：3）　　　　　　　　　　6. 器盖（H559：1）

图版一八二　庙底沟文化器盖（H20、H116、H166、H256、H559）

1. 器盖（T41③：4）　　　　　　2. 器盖（T94④：2）

3. 器盖（T94⑧：33）　　　　　　4. 器盖（H138：1）

5. 器盖（H297：7）　　　　　　6. 器盖（H432：106）

图版一八三　庙底沟文化器盖（T41③、T94④、T94⑧、H138、H297、H432）

1. 器盖（H114∶6）　　　　　　2. 器盖（H349∶3）

3. 器盖（H770∶99）　　　　　　4. 器座（H88∶4）

5. 器座（H220∶23）　　　　　　6. 器座（H289∶3）

图版一八四　庙底沟文化器盖、器座（H114、H349、H770、H88、H220、H289）

1. 器座（H280：1）

2. 器座（H408：52）

3. 器座（H452：13）

4. 器座（H619：45）

5. 器座（H770：110）

6. 器座（T17④：20）

图版一八五　庙底沟文化器座（H280、H408、H452、H619、H770、T17④）

1. 器座（H255：9）

2. 器座（H300：8）

3. 器座（H327：11）

4. 器座（H408：27）

5. 器座（H432：85）

6. 器座（H708：2）

图版一八六　庙底沟文化器座（H255、H300、H327、H408、H432、H708）

1. 器座（H708：4）

2. 器座（H770：95）

3. 器座（T94⑧：8）

4. 器座（H382：1）

5. 杯（H9：8）

6. 杯（H29：65）

图版一八七　庙底沟文化器座、杯（H708、H770、T94⑧、H382、H9、H29）

1. 杯（H39：16）　　　　　　　2. 杯（H39：17）

3. 杯（H72：20）　　　　　　　4. 杯（H137：1）

5. 线纹钵（H166：54）　　　　　6. 杯（H166：60）

图版一八八　庙底沟文化陶杯（H39、H72、H137、H166）

1. 杯（H204∶5）

2. 杯（H206∶1）

3. 杯（H210∶7）

4. 杯（H229∶18）

5. 杯（H255∶12）

6. 杯（H255∶13）

图版一八九　庙底沟文化陶杯（H204、H206、H210、H225、H229）

1. 杯（H297：8）

2. 杯（H297：9）

3. 杯（H349：4）

4. 杯（H400：1）

5. 杯（H432：1）

6. 杯（H452：10）

图版一九〇　庙底沟文化陶杯（H297、H349、H400、H432、H452）

1. 杯（H619：6）　　　　2. 杯（H619：10）

3. 杯（H681：3）　　　　4. 杯（H770：24）

5. 杯（H770：27）　　　　6. 杯（H773：3）

图版一九一　庙底沟文化陶杯（H619、H681、H770、H773）

1. 杯（H787：1）

2. 杯（H844：4）

3. 杯（H874：1）

4. 杯（T17③：73）

5. 杯（T17⑥：18）

6. 杯（T35②：16）

图版一九二　庙底沟文化陶杯（H787、H844、H874、T17③、T17⑥、T35②）

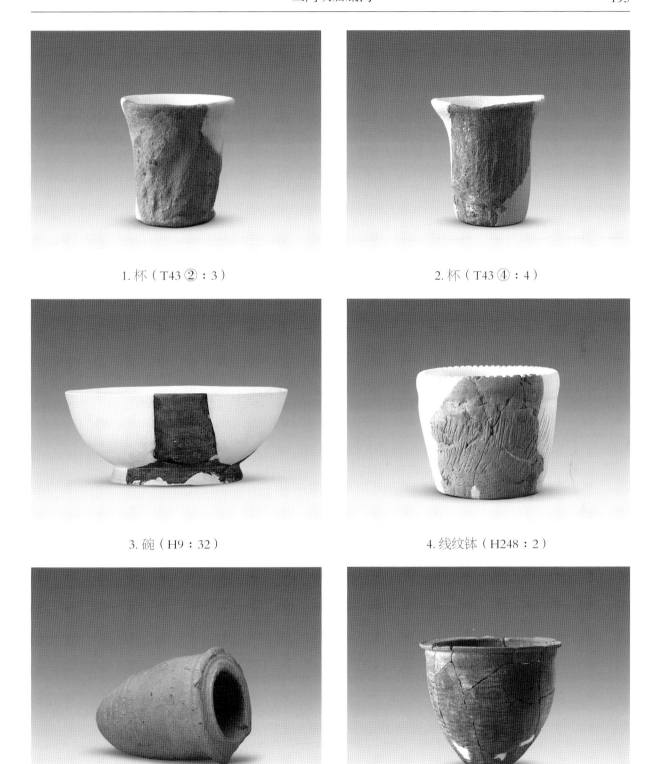

1. 杯（T43②：3）　　　　　　　　2. 杯（T43④：4）

3. 碗（H9：32）　　　　　　　　4. 线纹钵（H248：2）

5. 圜底罐（H233：20）　　　　　　6. 釜（H363：1）

图版一九三　庙底沟文化陶器（T43②、T43④、H9、H248、H233、H363）

1. 高领壶（H432：5）

2. 高领壶（H432：103）

3. 高领罐（H287：3）

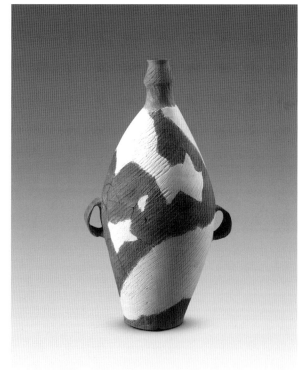

4. 小口平底瓶（H708：5）

图版一九四　庙底沟文化陶器（H432、H287、H708）

1. 小口尖底瓶（H102：9）

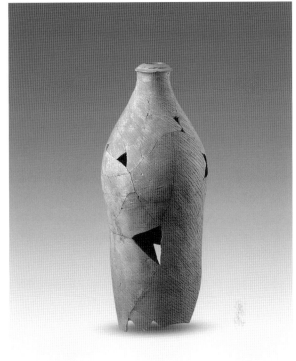

2. 小口尖底瓶（H110：24）

3. 小口尖底瓶（H110：25）

4. 尖底瓶（H297：22）

图版一九五　庙底沟文化尖底瓶（H102、H110、H297）

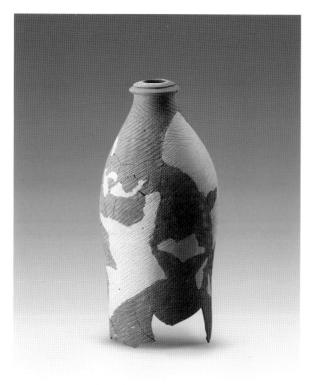

1. 小口尖底瓶（H342：14）

2. 小口尖底瓶（H348：15）

3. 小口尖底瓶（H432：98）

4. 小口尖底瓶（T21 ⑨：96）

图版一九六　庙底沟文化小口尖底瓶（H342、H348、H432、T21 ⑨）

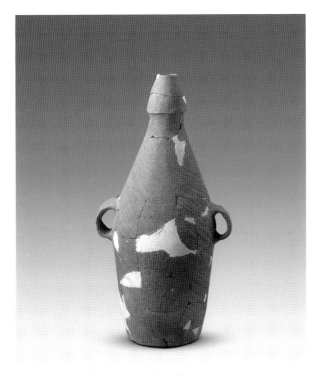

1. 小口平底瓶（H108∶14）

2. 小口平底瓶（H108∶15）

3. 小口平底瓶（H108∶16）

4. 小口平底瓶（H110∶9）

图版一九七　庙底沟文化小口尖底瓶（H108、H110）

1. 鼎（H212：16）

2. 鼎（H212：18）

3. 鼎（H491：1）

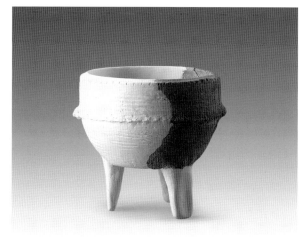

4. 鼎（H556：5）

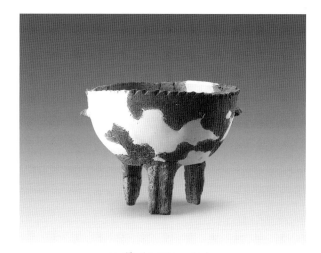

5. 鼎（H556：10）

6. 鼎（H654：12）

图版一九八　西王村文化陶鼎（H212、H491、H556、H654）

1. 鼎（H828∶1）

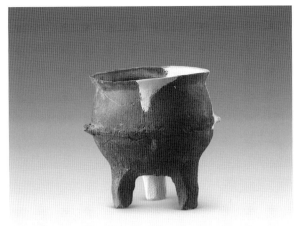

2. 鼎（H841∶1）

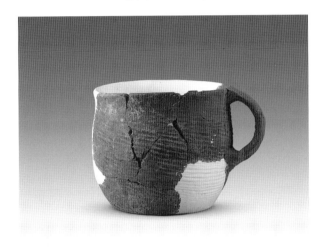

3. 单把杯（H212∶17）

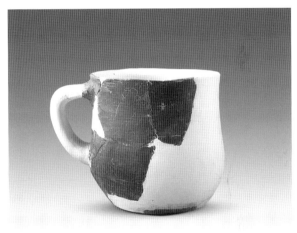

4. 单把杯（H676∶1）

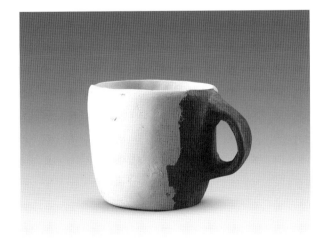

5. 单把杯（H717∶1）

6. 杯（H765∶6）

图版一九九　西王村文化陶器（H828、H841、H212、H676、H717、H765）

1. 素面钵（H212：11）

2. 素面钵（H212：21）

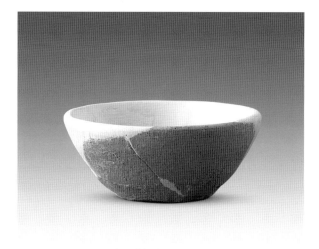

3. 素面钵（H281：2）

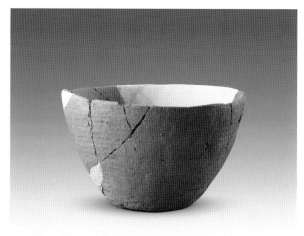

4. 篮纹钵（H298：2）

5. 素面钵（H513：1）

6. 素面钵（H556：4）

图版二〇〇　西王村文化陶钵（H212、H281、H298、H513、H556）

1. 素面钵（H556：13）

2. 素面钵（H571：1）

3. 素面钵（H609：2）

4. 素面钵（H643：3）

5. 素面钵（H645：3）

6. 素面钵（H654：8）

图版二〇一　西王村文化素面钵（H556、H571、H609、H643、H645、H654）

1. 素面钵（H676：3）　　　　　　　2. 素面钵（H701：3）

3. 篮纹钵（H717：3）　　　　　　　4. 素面钵（H517：2）

5. 素面钵（H728：2）　　　　　　　6. 素面钵（H728：7）

图版二〇二　西王村文化陶钵（H676、H701、H717、H517、H728）

1. 素面钵（H750：1）

2. 素面钵（H750：2）

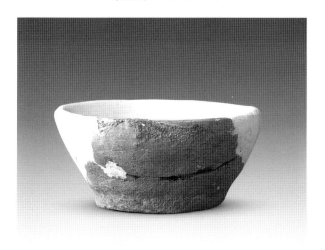

3. 素面钵（H750：3）

4. 素面盆（H828：2）

5. 素面钵（H865：1）

6. 素面钵（H865：2）

图版二○三　西王村文化素面钵（H750、H828、H865）

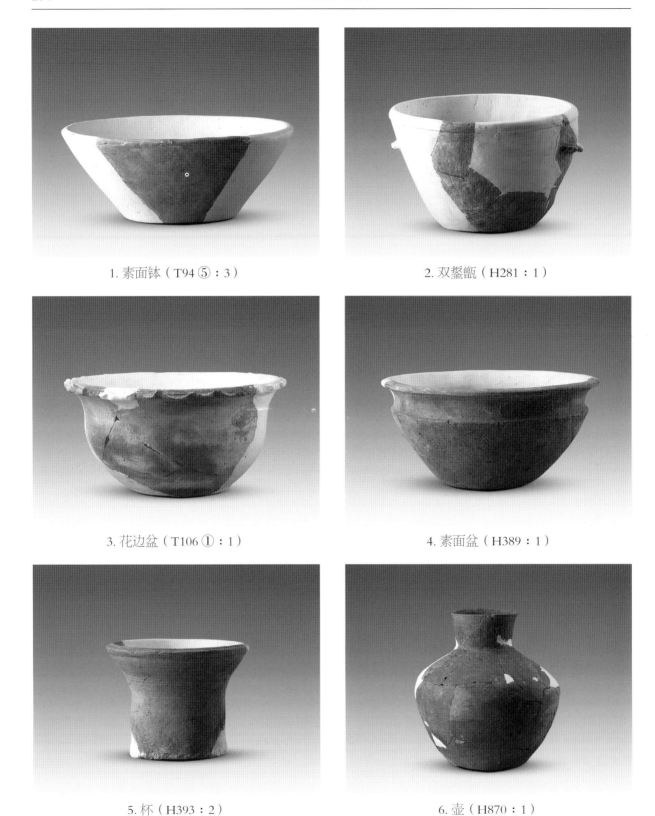

1. 素面钵（T94⑤：3）

2. 双錾甑（H281：1）

3. 花边盆（T106①：1）

4. 素面盆（H389：1）

5. 杯（H393：2）

6. 壶（H870：1）

图版二〇四　西王村文化陶器（T94⑤、H281、T106①、H389、H393、H870）

1. 器盖（H398：1）

2. 器盖（H728：4）

3. 器盖（H556：11）

4. 器盖（H623：1）

5. 器盖（H676：3）

6. 器盖（H717：2）

图版二〇五　西王村文化器盖（H398、H728、H556、H623、H676、H717）

1. 喇叭口尖底瓶（H212∶6）

2. 喇叭口尖底瓶（H212∶19）

3. 喇叭口尖底瓶（H323∶3）

4. 喇叭口尖底瓶（H609∶1）

图版二〇六　西王村文化喇叭口尖底瓶（H212、H323、H609）

1. 喇叭口尖底瓶（H766：17）

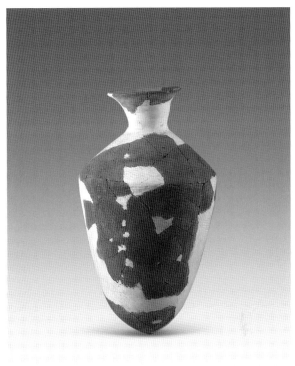

2. 喇叭口尖底瓶（H779：2）

3. 喇叭口平底瓶（H212：2）

4. 深腹罐（H212：13）

图版二〇七　西王村文化陶器（H766、H779、H212）

1. 鼓腹罐（H212：20）

2. 鼓腹罐（H513：4）

3. 深腹罐（H654：6）

4. 深腹罐（H750：4）

5. 深腹罐（H212：9）

6. 鼓腹罐（H212：7）

图版二〇八　西王村文化陶罐（H212、H513、H654、H750）

1. 深腹罐（H212：3）

2. 深腹罐（H212：4）

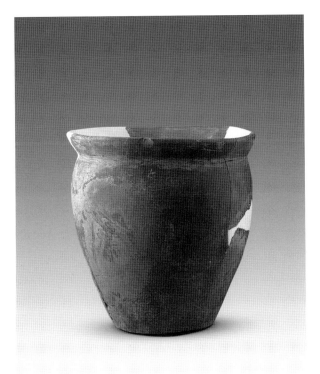

3. 深腹罐（H212：5）

4. 深腹罐（H212：14）

图版二〇九　西王村文化深腹罐（H212）

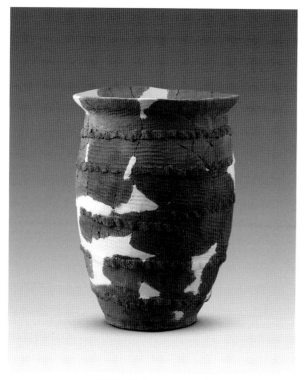

1. 深腹罐（H212：15）

2. 深腹罐（H212：25）

3. 深腹罐（H390：2）

4. 深腹罐（H491：7）

图版二一〇　西王村文化深腹罐（H212、H390、H491）

1. 深腹罐（H643：1）

2. 深腹罐（H701：2）

3. 鼓腹罐（H718：3）

4. 深腹罐（H766：18）

图版二一一　西王村文化深腹罐（H643、H701、H718、H766）

1. 三鋬罐（H780：1）

2. 小口广肩瓮（H643：2）

3. 壶（H632：3）

4. 壶（H676：2）

图版二一二　西王村文化陶器（H780、H643、H632、H676）

1. 鼎（H485：4）

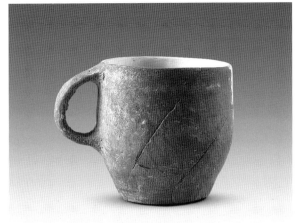

2. 单把杯（H805：2）

3. 单把杯（H485：7）

4. 豆（H805：1）

5. 素面盆（H87：8）

6. 三足瓮（H250：2）

图版二一三　庙底沟二期文化陶器（H485、H805、H87、H250）

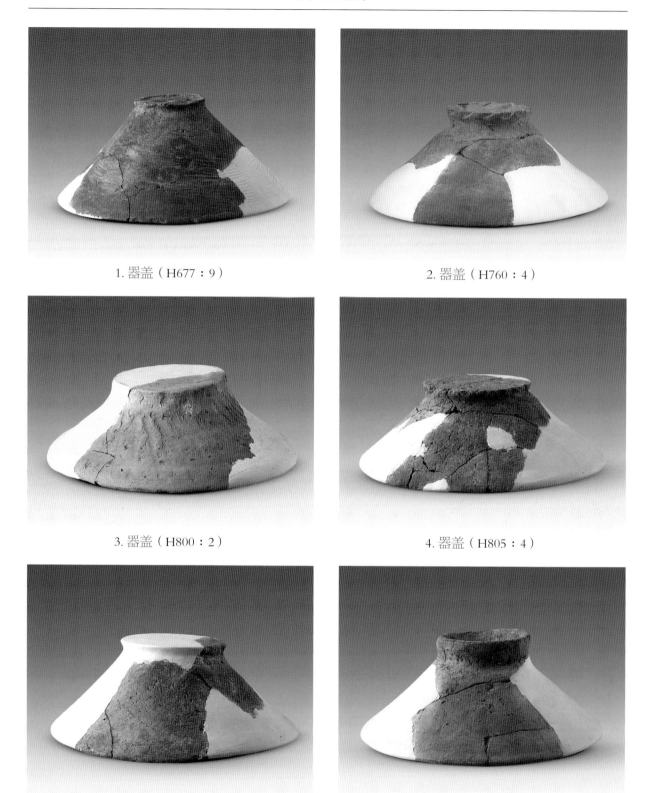

1. 器盖（H677：9）　　　　2. 器盖（H760：4）

3. 器盖（H800：2）　　　　4. 器盖（H805：4）

5. 器盖（H805：5）　　　　6. 器盖（H805：6）

图版二一四　庙底沟二期文化器盖（H677、H760、H800、H805）

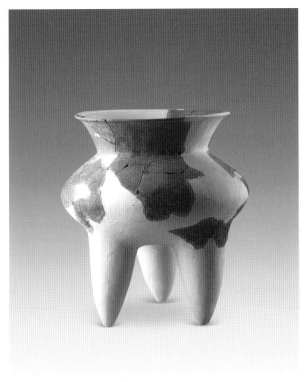

1. 斝（Y8：1）

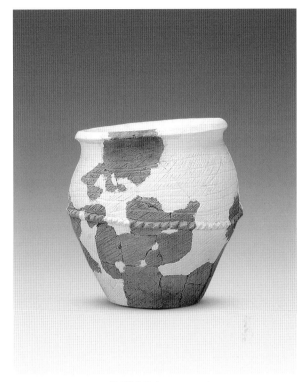

2. 深腹罐（H87：9）

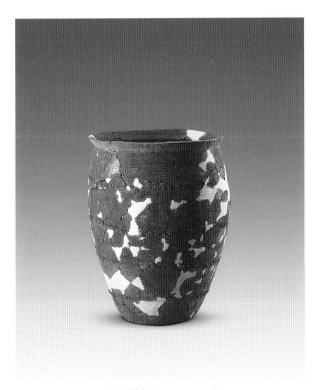

3. 深腹罐（H835：3）

4. 罐（T63③：4）

图版二一五　庙底沟二期文化陶器（Y8、H87、H835、T63③）

1. 深腹罐（H677：7）

2. 深腹罐（H677：8）

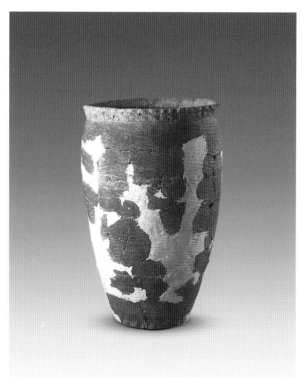

3. 深腹罐（H800：1）

4. 深腹罐（H819：2）

图版二一六　庙底沟二期文化深腹罐（H677、H800、H819）